We Build a City 2

여성 멘토가
말하는
건설이야기

We
Build
a City 2

발간사

김애주 ㈜범씨엠건축사사무소 이사

이화여자대학교에서 실내디자인을 전공하였고, 환경디자인으로 석사학위를 취득하였다. ㈜현대산업개발에서 실무를 쌓고 지금은 ㈜범씨엠건축사사무소에서 근무하고 있다. 이화여자대학교 겸임교수, 서울 광진구 도시계획위원, 인천광역시 경제자유구역 경관위원, 경기도 공공디자인진흥위원, 서울시 건설신기술활용심의위원, 부천시 기술자문위원 등으로 활동하고 있으며 2022년 국토교통부장관 표창을 수상하였다. 과거 여중, 여고, 여대를 나와 건설사인 현대산업개발 최초의 여자부장으로서 2006년에 인연을 맺기 시작한 '㈔한국여성건설인협회'에서 2021년부터는 회장으로서 건설관련분야의 여성회원들과 함께 후배들을 멘토링하며 즐겁게 봉사하고 있다.

《We Build a City 2》를
발간하며

20년 된 새순이란?

19세기 미국의 대중적 시인 헨리 워즈워스 롱펠로(Henry Wadsworth Longfellow)에게는 두 명의 아내가 있었습니다. 첫 번째 부인은 오랜 투병생활을 하다가 외롭게 숨졌고, 두 번째 부인은 부엌에서 화재가 발생해 비참한 최후를 마쳤습니다. 그런데 이런 절망적 상황에서도 롱펠로의 시는 여전히 아름다웠습니다. 임종을 앞둔 롱펠로에게 한 기자가 물었습니다.

"숱한 역경과 고난을 겪으면서도 당신의 작품에는 진한 인생의 향기가 담겨 있습니다. 그 비결이 무엇입니까?" 롱펠로는 마당의 사과나무를 가리키며 말했습니다. "저 나무가 나의 스승이었는데 이제 저나무는 매우 늙었습니다. 그러나 해마다 단맛을 내는 사과가 주렁주

렁 열립니다. 그것은 늙은 나뭇가지에서 새순(筍)이 돋기 때문입니다."

그동안 롱펠로에게 아름다운 힘을 준 것은 바로 부정(不定)이 아닌, 자신을 늘 새순이라고 생각하는 긍정적(肯定的)인 마인드였던 것입니다. 인생은 환경을 어떻게 보느냐에 따라 두 가지로 나뉘게 됩니다. 나이가 들어가는 자신을 '고목(古木)'으로 생각하는 사람'과 '새순으로 생각하는 사람'의 인생은 완전히 다를 것입니다. 긍정적이고 희망적인 생각이 바로 인생의 새순입니다. '건설적이다'라는 말의 어감에서도 나타나듯 건설인의 최고 소양은 긍정적인 마인드입니다.

우리는 누구인가?

올해로 우리 ㈜한국여성건설인협회가 창립 20주년을 맞이했습니다. 우리 협회는 지난 2002년에 여성건설인의 전문성 향상, 권익 증진 및 전문분야의 능력을 통해 사회발전에 기여할 목적으로 설립되었으며, 건축, 토목, 도시계획, 환경, 조경, 실내건축, 전기, 설비, 디자인 등 다양한 건설분야에서 연구 또는 실무에 있는 여성 전문인들이 모여 우리 사회에서 기여할 일이 무엇인지를 생각하고 활동하는 국토교통부 등록 사단법인 단체입니다.

그 생각의 하나로 우리 협회는 '여성이 살기 좋은 도시'라는 주제를 가지고 노인, 사회적 약자, 다문화에 대비한 기능과 역할을 어떻게 할 것인지에 대해 지속적으로 세미나를 개최하였습니다. 우리가 연구하고 예측했던 생각들이 이제 현실로 다가왔으며 우리는 또 다른 20년을 준비하여야 할 것으로 여겨집니다. 고령화, 복지, 건강, 지구환경 등 한 단계 재도약을 위한 준비를 하려 합니다. 10년 전 발간했던 노란 표지의 《We Build a City》가 전반기 여성건설인의 시작과 중간을 점검하는 것이었다면 이번에 발간하는 책자는 또 다른 20년을 준비하는 작업이라고 생각합니다.

헨리 워즈워스 롱펠로의 사과나무처럼 오랜 세월 동안 잘 견딘 나무만이 줄 수 있는 새로운 메시지와 긍정적인 새순으로 자라난 한마디 한마디가 우리 모두에게 삶의 멘토가 될 것으로 여겨집니다.

다시 새로운 방법으로 《We Build a City 2》

자신의 일과 삶을 사랑하는 건설관련분야의 전문가 한국여성건설인협회 회원들이 친절히 설명하는 직업안내서를 여러 회원님들과 함께 10년 만에 다시 만들었습니다. 친절히 보여주고 설명해주려고 하니 20년 전 우리 협회를 처음 만드신 여러 선배님들의 그간의 시간과 그 열정을 다시 되돌아보게 되는 시간도 갖게 됩니다. 늘 그렇듯 멘토링은 받는 사람을 위함이기도 하지만 주는 사람 또한 스스로를 돌아보는 시간이기도 합니다. 우리는 주고받는 것이 아닌 함께 생각하고 공유하는 것입니다.

시장은 시간과 기술과 시대와 함께 정말 다양해지고 있습니다. 전에 없던 새로운 직업이 생기고 기존의 직업은 시대와 함께 사라지기도 합니다. 건설은 인간이 존재하는 한 지속할 것이지만 그 시장 역시 많이 달라지고 있습니다.

앞으로 다가올 뉴노멀 시대는 더 다양한 영역에서 더 많은 활동을 '직업'으로 삼고 안정적으로 꿈을 펼칠 수 있는 토대가 필요합니다. 넓어지고 다양해지고 첨단화되고 세분화되는 건설분야의 직업과 달리, 그저 건설하면 건설사와 설계사만을 떠올리는 학생들을 위한 교육과 인식변화는 미흡하기만 한 실정이라 우리 협회는 그동안 각 분야에서 일해온 분들과 그들의 일들을 토대로 책자를 구성해 봤습니다. 앞으로는 우리가 쉽게 떠올리지 못하는 영역에서 전문적으로 활동하는 직업들이 더욱더 늘어날 것입니다.

젊은 세대가 없는 건설시장, 젊은이가 꿈이 없는 사회라면 그 산업은 사양길에 들고 그 사회는 희망이 없는 사회가 될 것입니다. 우리 협회가 작년 2021년에 건설기술인협회와 연구한 용역 자료를 보면, 대학을 졸업한 많은 청년들이 건축, 토목, 조경, 도시계획 등등 건설 관련 산업에 진입 후 중도에 그만두는 경우가 생기는데 그 비율을 좀 더 낮출 수 있는 방안도 함께 찾아갔으면 합니다.

또 다시 다가올 앞으로의 10년을 기대하며

저는 작년 5월 건축주 덕분에 양평의 아주 멋진 정원을 방문했습니다. 아주 탐스럽게 커다랗고 아름다운 빨간 장미가 유독 눈에 들어왔는데 영국 본토에서 가져온 장미를 한국 토종의 찔레와 접붙였다는 설명을 들었습니다.

장미의 특성상 벌레와 풍토에 약할 수 있는데, 풍토에 강한 품종을 접붙여 개량해 아름답고 건강하게 키우게 되었다고 합니다. 꽃도 이렇듯 사람도 누구와 어디서 어떻게 만나느냐가 참 중요한 것 같습니다. 이 책이 여러분들만의 길을 상상하고 개척하는 데 도움이 되길 바랍니다.

　　10년 후에는 우리 건설시장과 우리 협회가 또 어떤 모습으로 성장해 있을지를 상상하고 기대하게 됩니다. 미래는 준비하는 사람의 것이듯, 준비하고 건설할 줄 아는 우리 한국여성건설인협회는 늘 그렇듯 항상 소통하는 열린 협회를 지향하고 관련 분야와의 화합과 활발한 교류를 위한 장이 될 것입니다.

2022년 12월

한국여성건설인협회 회장 **김애주**

김혜정 명지대학교 건축대학 명예교수

전국의 공과대학에 여성교수가 거의 없었던 시절에 건축학과 교수로 부임하여 건축전공 여성들에게 교수로의 문을 연 1세대 여성교수이다. 사회문화와 사용자 행태를 반영한 건축과 도시설계를 강조하며 교육하였고, 명지대학교 건축대학 학장을 지냈다. 한양대학교 건축학과를 졸업한 후, 미국 버클리대학에서 건축학 석사, 미시간대학에서 건축학 박사학위를 취득하였으며, 하버드대학 객원연구교수를 역임하였다. 한국여성건설인협회 초대회장, 한국건축설계교수회(현 한국건축설계학회) 4대 회장, 대통령직속 제 1기 국가건축정책위원회 정책조정분과 위원장, 아시아문화전당 조성위원회 위원을 역임하였다. 그 외 국토교통부 및 서울시의 건축위원과 도시계획위원, 동탄 1신도시 및 위례신도시 총괄기획위원 등 다수의 자문위원을 지냈으며, 교육시설 선진화를 위해 계획설계를 수행한 서울세현고등학교, 서울수명고등학교가 교육과학기술부의 설계부문 최우수시설학교로 선정되었고, 과기부장관 표창, 건축의 날 국무총리 표창, 건축의 날 대통령 표창, 대한건축학회 학술상 등 다수의 표창을 받았다.

아름다운 삶터를 만들어가는
여성건설전문가들

한국여성건설인협회의 태동

　20년 전 우리나라 최초로 건설분야 전문직에서 일하는 여성들의 모임인 한국여성건설인협회가 창립되었다. 건설분야는 한국전쟁 직후부터 우리나라의 매우 중요하고 기본이 되는 산업이다. 건설분야 종사자들이 공인된 학위를 받고 자격증을 취득하고 전문가로 자리를 잡은 역사는 70여 년 되지만 여성들이 전문가로 활동한 사례는 미미하다. 불과 20년 전만 해도 건축을 전공한 여성들은 종종 있었지만, 그 외의 건설분야의 기술사자격을 가진 여성은 극소수였다. 국토를 개발하고, 도시를 만들고, 국민들을 위한 삶터를 아름답고 살기 좋게 만들기 위해서는 다양한 전문 분야가 함께 힘을 합해야 한다. 토목, 교통, 조경, 도시계획 및 도시설계, 건축, 실내건축, 건축시공, 구조기술, 전기 및 통신, 소방 등 여러 설비기술 전문가들이 각각 역할을 맡으며 우리들이 살아가는 생활환경을 조성한다. 이러한 건설분야는 지난 반세기 동안 남성들의 독점 분야로 되어왔다. 어쩌다 뜻을 가지고 이 분야를 전공한 여성들도 대학을 졸업하고 전문직으로 사회생활을 할 수 있는 분위기가 아니라 전공을 포기하는 실정이었다.

2001년 1월에 우리나라 여성정책을 기획하는 여성부가 발족되면서 여성들도 자질을 발휘하여 사회발전에 기여하고, 능력을 개발할 수 있도록 정책적인 지원을 하는 사회분위기가 조성되었고 건설분야에서 일하던 여성들이 수면 위로 떠오르기 시작하였다. 각 분야에서 고군분투하며 능력을 발휘해 오던 소수의 여성들은 사회 변화에 맞추어 역량을 지속적으로 높이고 인접 분야 여성전문가들과 지식을 교류를 할 수 있는 구심점이 필요하였다. 이러한 시대적 요구에 따라 자연스럽게 경력과 전문자질을 갖춘 건설분야 엘리트 여성들의 모임이 시작되었다. 도시계획, 조경, 건축구조, 교통, 전기 및 설비 등 다양한 분야의 최초 여성기술사와 연구소에서 근무하는 박사, 건설관련 분야 교수, 건설회사에 근무하는 여성 고위직, 건설회사를 운영하는 여성대표 등 각 분야에서 주옥같은 경력을 가진 여성들이 모였다. 소수로 흩어져 있던 여성전문가들이 모이니 빛나는 힘이 발휘되었다. 16인의 준비위원들과 100여 명의 초대 회원들은 우리나라 건설분야의 여성들이 역할을 담당해야 하는 여러 문제들을 발의하여 토론하면서 개인의 역량 강화뿐만 아니라 사회발전을 위한 협회의 사명감을 공유하며 협회활동이 시작되어 현재까지 지속되고 있다. 이렇게 사회적으로 여성전문가들이 소외되고 불이익을 받던 시기에 한국여성건설인협회는 시대적 요구와 사명감으로 태동되었다.

그동안 우리 사회 전반에 걸쳐 여성에 대한 시각이 빠르게 변화했고 여성인권이 강화되어 성평등에 대한 생각이 크게 변했음에도 여성전문인들로만 구성된 협회가 지속돼야 하는지 의문이 들 수도 있다. 그러나 여성이 소수인 전문 영역에서는 아직도 여성들만의 정보교류와 협력이 필요한 현실이다.

여성들의 시각과 도시 환경개선에 대한 자부심

한국여성건설인협회 회원들은 개인의 일들이 바쁜 중에도 사회발전과 미래세대를 위해 남성들은 관심을 가지지 않으나 시민들에게는 매우 중요하면서도 개선을 요하는 문제들에 대해 여성의 시각에서 하나하나 짚어가며, 사회적 이슈를 제기하는 세미나를 개최하고 정책에 반영될 수 있도록 강구해 나갔다. 그중에서도 대표적인 사업은 '여성이 살기 좋은 도시' 세미나를 우리나라에서 처음으로 개최하여 10년 이상 지속하며, 우리나라 도시에서 여성들을 위한, 그리고 여성뿐만 아니라 남녀노소 모두가 안전하고 살기 좋은 도시가 될 수 있도록 노력했다. 도시설계, 교통 등 거시적인 차원에서부터 보행로, 실내 공간 개선 등 미시적인 차원에 이르기까지 섬세하게 문제점을 제시하여, 서울에서부터 도시공간 개선사업에 반영되기 시작하여 전국의 여러 도시에서 정책으로 반영되고 성과를 내며 자리 잡은 점은 괄목할 만한 협회의 사회적 기여라 할 수 있다.

그 외에도 청소년들을 대상으로 하는 '차세대 건설 리더스 캠프'도 건설분야를 전공하려는 청소년들에게 생생하고 올바른 정보를 전달하여 미래 인재들에게 건설분야의 다양한 세부전공을 이해하며 앞날을 계획하는 데 도움을 주고자 12년째 진행되고 있다.

한 분야에서만 노력해서는 이룰 수 없고, 개인의 노력으로는 성과를 낼 수 없는 문제들을 각 분야의 전문가들이 힘을 합하여 도시생활과 개인의 공간까지 남성중심의 시각에서는 간과되어온 공간문제들을 여성들의 모성적 시각에서 찾아 해결방안을 제안하고 지속적인 사회 진화를 위해 선도하며 협회는 20주년을 맞게 되었다.

변한 것과 변하지 않은 것

현대사회는 성별 전공을 떠나 개인의 재능과 꿈을 발휘할 수 있는 시대이다. 우리나라는 산업화가 서구사회보다는 늦었지만, 모든 분야가 빠르게 변화하여 서구에서 100여 년에 걸쳐 변화해 온 사회 현상들이 우리나라에서는 30, 40년 만에 빠르게 변화해 왔다. 이 속도에 더욱 박차를 가해 이제 여러 분야가 서구를 앞서 주도해 나가야 할 시점이다. 이를 위해서 우리나라 미래세대는 개인이 어떤 일을 하든지 성별 구분 없이 사회적 선입관을 넘어 자유롭고 행복하게 능력을 발휘하며 꿈을 성취해 나갈 수 있어야 한다. 개개인의 자질이 사회발전의 원동력이기 때문이다.

살아가는 공간은 크게는 도시로부터 작게는 개인의 사적 공간에 이르기까지 그 범위가 매우 크다. 공간을 만들고 느끼는 일은 남성보다는 여성들이 더욱 민감하다. 원시사회에서부터 삶의 장소에 더 애착을 가지며 종족을 보호하기 위한 공간을 가꾸어가는 데는 여성들의 역할이 더 컸다. 아직도 건설분야는 남성들이 주도하고 있지만 점차 여성들이 증가하고 있는 추세이다. 여성들이 삶의 공간을 만드는 일, 국토를 아름답게 개발하는 일에 자질을 발휘하고 자신 있게 활동하기 위해서는 앞서 진출한 여성들의 경험과 조언이 도움이 될 것이다. 꿈을 이루기 위해서는 현실성 있는 비전과 실천 가능한 전략이 필수이기 때문이다.

1세대 여성건설인들이 직접 현실에서 느낀 소중한 이야기들이 건설분야를 전공하려는 사람들, 이미 전공하였지만 미래의 나아갈 방향에 도움이 필요한 여성들에게 길잡이가 될 것이라 생각한다. 협회 20주년을 맞아 회장단을 비롯해 임원들이 준비한 소중한 저서가 차세대 여성건설인들이 꿈을 이루고 우리나라 미래 삶터를 아름답고 건전하게 진화시키는 데 크게 기여할 수 있기를 바라는 마음이다.

2022년 12월
한국여성건설인협회 초대회장 김혜정

건설
이해하기

건설이란

안영애

서울시립대학교 조경학과를 졸업하고 서울대 환경대학원에서 석사과정을 수료했다. 1987년에 조경기술사 자격을 취득하였으며, 1983년부터 현재까지 조경설계 업무를 하고 있다. 서울형공공조경가그룹 공간분과 위원장과 서울시 창의놀이터자문단으로 활동했으며, 여성건설인협회 4대 회장을 역임했다. 2002년 환경부장관상 2015년 과학기술인의 날 대통령상, 2020년 중소벤처기업부장관상을 수상했으며, 3회의 서울시장 표창을 받았다. 현재 서울시 도시공원위원과 인천광역시 도시공원위원, 인천경제청 경관심의위원으로 활동하고 있다.

건설이란
무엇인가?

안영애
㈜안스디자인 대표

건설의 역사는 언제부터 시작되었을까?

에덴동산에서 나왔을 때부터? 아니 에덴동산 때부터인가? 인류의
역사는 5만 년이 되었지만 인간이 자연스럽게 촌락을 이루고 산 지
는 약 1만 년, 도시의 역사는 약 6,000년이 되었는데, 이 역사는 건설
의 역사와 연관이 있을 듯하다.

원시시대에 인간은 자연에 비해 심지어 동물보다 더 연약한 존재
였다. 인간은 늘 위험에 직면하였다. 혹독한 자연을 극복하기 위해
모여 살고, 공간을 만들고 불을 활용하면서 점차 확대한 것에서 건설
의 기원을 찾을 수 있다. 당시 건설은 주변의 자재와 온전히 인력으
로 만들었을 것이다. 지금 표현으로 하면 진정한 자연친화적 건물이
랄까.

암사동 선사유적박물관 홈페이지에서

　인류가 발전한 것은 다양한 이유가 있지만 그중 최고는 공동체 형성이다. 점차 공동체 규모가 커지면서 규칙과 제도를 만들고 기술도 발전하였으며, 건설규모도 커지고 형태도 다양하게 건설하게 되었다. 때로는 국가가, 때로는 신이 지배하는 시대에 맞는 건설을 했고 지금은 시민을 위한 도시, 시민을 위한 건설로 발전되고 있다.

　건축을 시작으로 토목, 국토개발, 도시계획, 조경, 구조, 교통 등으로 세분되었고 현재 점점 더 세분화되고 있는 추세이나 이를 만들어가는 일련의 과정으로 볼 때 그 모든 것을 건설이라 말할 수 있다.

공간은 무엇이며 우리에게 미치는 영향은 무엇일까?

건설로 만들어지는 공간의 본질은 무엇일까? 건설의 기본적인 목적은 '인간'을 위한 것이다. 건설은 단지 어떤 형태와 공간을 만드는 것이 아닌 우리의 경제, 생활, 정신, 문화를 담은 '그릇'이다.

우리는 일상에서 흔히 의식주(衣食住)라는 얘기를 많이 하는데 어쩌면 오랫동안 중요하다고 인식하는 순으로 얘기하는지 모른다.

먹고사는 것이 중요한 시절에 식(食)이 가장 중요하나 우리의 문화 인식이 의(衣)를 앞세웠다고 생각할 수 있다. '식'은 경제발전으로 극복하였고 '의'는 공동체보다는 자신의 개성을 중요시하는 것이 시대적 흐름이 되었다. 이는 한 국가의 경제, 사회적인 결과일 수도 있다.

방송은 그 시대상을 보여주는 대표적인 것이다. 처음에는 우리가 입는 의복 즉 패션관련 프로그램이 많았는데 최근에는 먹방이 방송에 많이 나오고 있다. 처음 집에 대한 프로그램은 교육방송에서 6개월 정도 실험적인 방송으로 시작되었는데 많은 사람들이 관심을 갖고 예상치 못한 높은 시청률로 고정 프로그램이 되었다. 이후 유사한 프로그램이 나오는 것을 보면 이제 건설은 특정집단뿐만 아니라 우리 모두에게 가까이 다가온 것이 아닐까 한다.

관 주도 건설에서 이제는 민간 주도의 건설로, 규모의 건설에서 각자 개성이 넘치는 건설로 그 범위를 넓혀가고 있다. 이것이 의미하는 것은 건설의 대중화와 다양성이다. 과거 인테리어에서는 건축공간에만 관심을 가졌지만, 이제는 외부공간으로 점차 확장되고 진화할 것이다. 이는 우리는 계기만 있다면 늘 진화하고 발전하기 때문이다. 공간은 우리의 인식을 좌우하는 것이기에 점차 건설에 관한 관심도는 높아질 것이다. 특히 소득증대에 따른 다양한 거주 욕구, 1인 가구 증가와 새로운 가치관은 좀 더 다양하게 변할 것이다.

똑같은 구조와 평면의 주택에서 우리의 사고와 행동은 제한적이게 되므로 그것으로부터 변화를 가지려고 한다. 반면 다른 구조와 평면은 여러 생각을 하게 해준다. 주거에 관한 건설은 개성 넘치는 건설로 변화할 것이기에 건설은 앞으로도 다른 다양한 형태로 발전할 것이라 생각한다.

그릇 그리고 담겨진 내용

수년 전 지금은 작고하신 박동진 명창의 판소리를 들으러 국립국악원에 간 적이 있다. 다소 지루했지만 고정된 좌석이 아닌 구릉에 자유롭게 앉아서 들은 기억과 함께 그분에 대한 기억은 수없이 방송에서 나와 하신 "우리 것이 좋은 것이야!"라는 광고 카피였다.

정도전에 의해 계획된 도시와 건물 그리고 외부공간은 당시의 정신을 담은 계획된 건설이었고, 다른 지역은 자연에 순응하면서 자연발생적으로 만들어지고 그 속에서 공동체를 이루면서 잘 살아왔다고 여겨진다. 유럽의 오래된 도시 대부분은 자연발생적인 도시였고 미국의 경우는 계획적으로 만든 도시이다.

도시를 구성하는 것 중의 중요한 요소 중 하나는 건축물이다. 아름다운 외국 도시의 건축물은 오래 시간이 축척되고 조금씩 변화하면서 이루어졌다면 미국이나 우리나라의 경우는 조금은 다른 편이다.

인류 역사에서 건설은 인간을 위한 시작이며 늘 더 나은 환경을 위해 나아가고 있다.

우리에게 한국전쟁의 완전한 파괴는 역설적으로 새로운 건설의 계기가 되었지만 당시의 빈약한 경제력, 기술력, 시급성으로 인해 조악하게 만들어질 수밖에 없었고 경제력이 커진 지금은 창조적 파괴인 재개발, 재건축을 하게 되었다.

그동안 우리 건설은 우리보다 앞서 도시화를 이룬 선진국을 벤치마킹하였지만 이제는 더 이상 그렇게 할 필요성이 없어졌다. 글로벌 시대이나 우리의 평균키, 우리 식생활, 가족관계, 인식 등 아직도 우리 고유의 것이 유지되는 경우가 많고, 도시 그 자체가 문화이자 생활양식을 담는 것이라면 그 그릇은 우리에게 적합한 그릇이어야 하지 않을까 한다.

우리 역사상 현존하는 많은 역사적 건물과 공간은 지금과 다르지만 우리의 정신이 담겨져 있다고 생각한다. 그 정신은 시대에 따라 변했겠지만 온전히 외국 것을 이식하는 건설은 더 이상 아니길 바란다. 뉴욕이 매력적이지만 뉴욕을 서울에 그대로 복사한다고 뉴욕에서 느꼈던 감동을 느낄 수 있을지는 의문이다. 뉴욕 강변을 짧은 바지에 탱크탑을 입고 조깅하는 도시민들이 많다면 우리 서울은 자외선을 피해 얼굴 전체를 마스크를 하고 산책하는 사람들이 많다. 배경도 그림도 다르다.

과거는 물론 미래에도 완벽한 것은 없다. 우리는 완벽이라는 아주 상징적인 것을 목표로 오늘도 노력해야 하는 것이다.

시간이 주는 가치있는 건설!

우리 건설은 오늘도 여전히 속도전이다. 설계에 컴퓨터를 도입함으로써 더 빠른 속도로 우리 도시를 만들 수 있게 되었다. 그러나 보는 순간 탄성이 나오는 것이 아닌 우리 심장 깊이 스며들어 잔잔한 감동을 주는 공간, 그 감동이 오래 지속되는 건물은 결코 단시간에 이루어지지 않는다.

바르셀로나의 가우디 성당, 우리 주변에 있는 많은 우리 문화재, 오래된 도시공간에서 느끼는 아우라는 뭐라고 콕 찍어 말하기는 어렵지만 난 '시간은 눈에 보이지 않는 가치'라고 말하고 싶다. 도시는 단시간에 만드는 것이 아니다. 도시는 시민이 많든 적든 건설에 참여하고 그 모든 것이 축적되고 중첩되면서 다양한 색으로 만드는 것이다.

건설은 결국 사람을 위한 공간, 장소를 만드는 창의적이고 섬세한 작업이다. 그러므로 같은 건설이지만 이용하는 사람, 장소가 다르기에 같은 일은 존재하지 않는 매력적인 직업이다. 또한 여성 고유의 섬세한 특성에 최적화된 직업이라 생각한다. 자존감을 가지고 탐구하고 상상하면서 순수예술보다는 더 많은 사람들을 위한 예술이 바로 건설이기 때문이다.

단계 및 분야

Park Kyoung

박경

경북대학교에서 건축공학과를 졸업하고 연세대학교 공학대학원에서 도시계획 전공으로 석사학위를 받았으며, 현재 삼우종합건축사사사무소에서 마스터이자 소장으로 재직 중이다. 건설사업관리사(CMP), 미국 친환경건축 전문가(LEED AP), 미국 웰빙 전문가(WELL AP), 카타르 친환경 전문가(GSAS CGP), 독일 공인 패시브하우스디자이너(CPHD), 국가 공인자산관리사(FP) 자격인증을 받았으며 한국여성공학기술인협회 이사, 한국여성건축가협회 및 한국여성건설인협회 이사, 한국도시설계학회 정회원, 중앙건설기술심의위원 등을 역임하고 건설분야를 이끄는 열정적인 여성건설전문가로 활동 중이다.

건설의 단계 및 주요 분야

박경

㈜삼우종합건축사사무소 소장

건설의 단계와 분야

건설의 단계와 분야는 건설관련 전공과 직업을 생각하는 이들에게 로드맵과 같다고 할 수 있다.

건설사업은 크게 개발기획단계, 설계단계, 시공단계, 유지관리단계로 구분할 수 있으며 단계별 업무를 수행하는 해당 분야가 건설관련 전문직업의 종류라고 볼 수 있다.

미래 건설주역들은 건설의 폭넓은 스펙트럼에서 어디에 정착하며 뿌리를 내릴지, 크게는 설계로 갈지 시공으로 갈지, 설계에서도 건축설계를 할지 인테리어 설계를 할지, 건축설계에서도 대형사무소에서 시작할지 아틀리에(Atelier)에서 시작할지, 다양한 진로의 기로에서 상당한 고민을 할 것이다.

건설사업단계		주요 업무	주요 분야
개발기획단계 건축주의 비전 달성을 위한 개발사업 기반수립	**프로젝트 콘셉트정의**	•사업목표 수립 •개발개념 설정	
	개발여건분석	•시장성/환경성 분석 •관련정책 및 법규검토	
	개발사업구상	•개발 방향수립	**개발기획분야** 도시계획 도시디자인 부동산개발
	입지조건분석	•입지환경/토지분석 •부지 적정성 평가	
	기본계획수립	•마스터플랜/설계지침수립 •관련정책 및 법규검토	**설계분야**
	사업타당성 분석	•사업규모검토, LCC분석 •수익성 분석	건축설계 기계설계
	사업구도수립	•사업일정/ 발주방식 수립 •사업참여자 선정	전기/통신설계 토목설계 구조설계
	자금계획수립	•사업계획서 작성 •재원조달 및 금융컨설팅	조경설계
설계단계 사업방향과 개념을 디자인 설계를 통해 가시화	**계획설계**	•공간 프로그램 작성 •건축 디자인 검토	**컨설팅 분야** 자산운용 모형 MD
	기본설계	•분야별 시스템 검토, VE/LCC •전문 컨설턴트 협력	
	대관/인허가	•관련규정/ 인허가 도서작성및 검토 •유관부서 협의	
	실시설계	•시공도서 작성 •QC(분야별 설계기술검토)	
시공단계 최적의 시공사 선정 성공적 완성을 위한 품질/비용/공정관리	**시공발주 및 계약**	•입찰 절차/방식 결정 •시공사 선정 및 계약검토	**시공분야** 건설시공 건설사업관리 (CM)
	부대토목공사	•부지조성공사 관리 •도로정비공사 관리	
	건축(인테리어)공사	•설계변경관리, 기술검토 •공정/안전/환경/기성관리	
	분양 및 마케팅	•시설물 분양계획 •마케팅 전략자문	**인테리어 및 공간기획**
	시설물 준공	•준공도서 검토/ 준공 인허가 •시운전 평가결과서 검토	인테리어 설계 인테리어 시공
유지관리단계 원활한 건물사용을 위한 관리	**시설물 인수인계**	•사용승인 •입주관리	공간기획 공간연출 가구계획
	유지관리	•유지관리계획/지침 수립 •유지관리	

좌측 표는 건설사업의 단계 및 주요 분야를 일목요연하게 정리해 놓은 것으로 건설사업에서의 자신의 진로를 타깃팅해 볼 수 있을 것이다.

깊이와 넓이

대형 건축설계사무소에서 근무하기를 희망하는 이들에게 나의 실전 경험을 통해 대형 건축설계사무소의 근무생활을 엿보기를 바란다.

나는 1996년 삼우종합건축사사무소에 경력공채로 입사해서 2022년 현재, 27년차로 근무 중이며 매년 회사의 조직개편이라는 변화의 파도 속에서 새로운 분야에 대한 도전을(때론 자의에 의해, 때론 조직변화에 수동적으로) 거듭해가며 지금까지 흘러왔다. 변화는 늘 내게 긴장의 끈을 풀지 않게 단련시켰으며 어느덧 생소함을 즐길 수 있는 담력을 가지게 되었다.

그럼, 지금부터 나의 삼우 연대기를 시작해 보겠다.

설계사업부(1996~2008)

13년간 명실상부 설계사무소의 정수인 건축설계를 본업으로 2~3년 주기로 용도별 건축물의 종류를 달리하며 다양한 프로그램에 설레며 설계실무에 푹 빠져 있었던 시기였다. 푹 빠져 있었다는 건 야근을 정말 많이 했다는 의미이기도 하다.

이 시기의 참여설계 프로젝트는 삼성자동차 본관(업무시설), 메인

성남시청사 및 의회

키친 및 출고사무소(공장), 타워팰리스(주거복합), 국세청 청사(공공업
무시설), 울산·인천·안산 홈플러스(판매시설), 고려대학교 화정체육관
(운동시설), 성균관대학교 국제관(교육연구시설), 창녕 서드에이지(노유
자시설), 성남시청사 및 의회(공공업무시설) 등이 있었다.

CM본부(2008~2010)

2년 넘게 성남시청사 및 의회 신축공사 턴키PJT를 수행하면서 직
장과 가정의 양립의 위기에서 퇴사를 결심한 내게, 아내가 육아로 인
해 경력단절이 된 것을 후회한다고 말한 상사의 권유로 인해 CM본
부로 순환근무를 하게 되었다.

CM과 감리를 구분하지도 못한 내게 여의도 전국경제인연합회 (FKI) 회관 신축을 위한 건설사업관리 초기 CMr 역할이 주어졌다. 사업 전반의 기획업무(사업일정, 대관업무절차 등) 및 국제지명현상 주관(과업지시서 작성, 해외사 선정방안수립 등)의 생소한 업무는 내게 사업 전반의 거시적 관점과 80퍼센트의 가치창출인 기획의 중요성을 알게 해 주었다. 여의도에 우뚝 서 있는 전경련회관[에드리안스미스 & 고든길(AS+GG) 설계]을 지날 때마다 나의 스케일을 키워준 고마운 프로젝트라 늘 따뜻한 시각으로 바라보게 된다.

친환경설계팀(2011~2016)

2년 순환근무를 마감하고 복귀를 제안받은 팀은 확대개편 중인 친환경설계팀이었다. 새로운 팀에서 글로벌인증업무를 주업으로 계명대 동산의료원 신축, 한국타이어 R&D센터, 북경 삼성생명사옥 등 다수의 LEED인증 PJT를 자체 수행하게 되었으며 GSAS라는 중동

한국타이어 R&D센터 LEED GOLD 인증

카타르 친환경 인증, 독일의 Passive House, 미국의 WELL 인증 업무까지 세계적 친환경인증을 순차적으로 경험하게 되었다.

그 당시 회사는 친환경 프로젝트 수행을 위해 자격요건을 갖춘 인력을 필요로 했으며 우리 팀의 다수가 양성교육과 자격 혜택을 받았던 것으로 기억한다.

도시개발팀/개발설계그룹(2017~2018)

도시계획을 늦깎이 전공으로 대학원에 재학 중이었던 나는 부동산개발시장 선점 타깃으로 만들어진 도시개발팀의 팀원이 되었다.

회사에서 주어진 미션인 개발PM으로의 업무영역 확대를 위해 개발정책 및 부동산 동향, 도시개발 인허가, 상품기획 및 마케팅, 수요추정 및 사업성 분석 등 개발PM 육성방안을 수립하고 개발PM 역량강화를 위해 《부동산 개발사업 PM업무의 이해》라는 책자를 발간·배포하게 되었다. 나는 공부는 내 적성이 아니라고 부르짖었지만 아이러니하게도 CM본부 이후 줄곧 EDU와 병행하는 직장생활을 영위했다.

기술영업팀(2019~2020)

육아휴직 후 삼우창립(1976년) 이래 최초 여성 영업PM으로 기술영업팀에 복직했다. 마케팅, 발주처 대응, 설계비 견적업무, 심사주관(참여승인/수주/입찰/계약심사), 최종 계약날인까지의 업무를 수행하였다. 영업팀은 설계사무소의 설계용역을 수주하는 팀으로 물고기를 잡는 어부와 같은 역할을 한다.

설계2본부(2021)

영업팀 축소로 설계본부로 복귀하여 호암아트홀로 더 알려진 서소문빌딩 부지에 업무·판매·문화 및 집회시설을 신축하는 복합개발 설계 PJT의 대관업무 총괄을 맡게 되었다. 게다가 서울시 4대문 안 PJT의 대관업무는 수행과 절차가 여간 까다로운 것이 아니었다. 건축물 안전영향평가, 소방 성능위주설계, 교통·환경·재해·교육영향평가, 서울시 건축·경관 통합심의 등 24개 인증 및 인허가를 관리하며 불철주야 1년을 보냈다.

건축지원팀 / PM파트(2022)

2022년 초부터는 건축지원팀 PM으로 업무 중이다. PM은 영업에서 프로젝트를 수주하여 계약날인을 한 후 바통을 넘겨 받아 회사시스템에 계약등록부터 프로젝트 실행계획, 공정관리, 프로젝트 정산까지 PLC(프로젝트생애주기)를 총체적으로 관리하는 전문가이다. 현재 나는 신참 PM이라 자칭하며 바이오헬스설계본부 담당PM으로 설계 프로젝트리더(PL)들을 지원하고 있다.

나는 삼우라는 대형 건축설계사무소에 속해 있었기에 이처럼 다양한 실무경험이 가능했다고 생각한다. 각 부서의 새로운 업무를 접할 때마다 끊임없이 부족함을 느끼고 배우는 자세로 임하게 되었고 익숙해 질 즈음에 또 다른 변화의 파도를 맞게 되어 안주와 편안함과는 늘 거리가 멀었지만 항상 설레는 직장생활을 할 수 있었다.

본서 건축설계분야 집필자이며 96년 입사동기인 박순희 소장은 나와는 정반대로 병원설계 외길 27년차로 진정한 깊이를 추구해 온 동료이다. 우리는 삼우에서 깊이와 넓이의 대조적 표본과도 같은 존재들이다.

대충 철저히

삼우건축에서 입사동기와 결혼하고 세 아이의 엄마로 지금까지 근무를 하고 있는 나는 CM본부로 이끌어주신 상사의 '대충 철저히'라는 말을 좋아한다. 심리적인 부담을 경감시키고 설계 업무영역의 필수요건인 꼼꼼함이 담겨 있는 묘한 매력 때문이다.

끝으로 미래의 건설주역들에게 당부의 말을 전한다. 변화라는 스트레스(stress)는 굳건함(strength)을 위한 누에고치이며 무슨 일이 주어지든 6개월이면 할 수 있다는 자신감으로 삶을 영위하기 바란다.

Section 02

개발기획
멘토들의
이야기

도시계획

전유미

가천대학교에서 도시계획을 전공하고, 연세대학교에서 도시공학 석사학위 취득, 현재 박사과정에 재학 중이다. 학부 졸업 후 ㈜도화엔지니어링에서 전통적인 도시계획 제반 업무를 담당하였으며, 현재는 ㈜알엠에쓰컨설팅에서 다양한 분야·기술을 도시공간에 융복합하는 스마트시티 총괄자문계획 업무를 하고 있다. 또한 충청북도, 서울 은평구, 서초구 등에서 자문·심의위원으로 참여하고 있다.

도시란 무엇인가?

전유미

㈜알엠에쓰컨설팅 스마트시티·리질리언스사업 본부장
도시계획기술사

도시란 무엇인가?

　도시를 정의하는 일은 힘들다. 아마도 도시는 공간·사람·자연 등
물리적인 요소와 역사, 현재·미래라는 시공간적 요인들이 복잡하게
유기적으로 연계된 공간이기 때문일 것이다. 여러분의 이해를 돕기
위해 도시의 의미를 어원을 통해 정의해보았다. 도시라는 명칭은 한
자로 도(都)와 시(市)가 합쳐진 용어로 '都'는 정치·행정의 중심지이
고 '市'는 상거래가 이루어지는 중심지를 뜻한다. 이를 현재로 재해석
하면, 도시는 제도적 기반을 가진 시민활동의 중심지로 표현할 수 있
다. 따라서 도시계획은 우리의 삶이 모든 물리적 공간에서 활발하게
영위될 수 있도록 제도를 정비하고 공간을 계획하는 일이라고 할 수
있겠다.

도시계획가의 역할

우리나라의 도시계획은 「국토기본법」을 근간으로 한다. 국토는 모든 국민의 삶의 터전이며 후세에 물려줄 민족의 자산이므로 국토에 관한 계획 및 정책은 개발과 환경의 조화를 바탕으로 국토를 균형있게 발전시키고 국가의 경쟁력을 높이며 국민의 삶의 질을 개선함으로써 국토의 지속가능한 발전을 도모할 수 있도록 수립·집행되어야 한다고 정의되어 있다(법 제2조).

도시계획가는 우리가 살아가는 모든 공간에 대해 미래의 경제적·사회적 변동에 대응하여 구조적·경제적·사회적·환경적으로 지속가능하고 균형발전을 위해 지향하는 도시의 미래상을 설정하고 이를 달성하기 위한 구체적이고 실현가능한 계획을 수립하는 역할을 한다.

도시계획가로 살아가기

도시계획가는 변화의 흐름 속에서 바람직한 국토와 도시의 미래상을 구현하는 전문가이다. 따라서 도시계획가는 기술적 합리성, 전문

경제적·사회적 변화에 따른 도시계획 패러다임의 변화

가주의, 가치중립성 등을 추구하고 기술적 전문가로서 대내외적 여건변화에 민감하게 대응하고 토목, 건축, 환경, IT 등 다른 분야 전문가들과의 협력과 시민참여를 기반으로 체계적인 계획이 수립될 수 있도록 노력해야 한다. 그렇기 때문에 다양한 분야의 종합적 이해와 지식, 폭넓은 분석능력과 계획수립 및 의견수렴과정에서 분야별 전문가와 시민 등 다양한 이해관계자의 의견을 종합적으로 반영할 수 있는 커뮤니케이션 능력이 요구된다. 오늘날 우리 도시는 인구감소, 디지털의 전환, 기후변화 등 다양한 여건변화에 직면하고 있다. 이에 앞으로 도시계획가의 역할은 더욱 확장될 것으로 보인다.

도시의 핵심 키워드: 지속가능성과 회복력

지속가능성(Sustainability)은 1987년 환경과 개발에 관한 세계위원회가 발표한 '우리의 공통된 미래(Our Common Future)'를 시작으로 2016년 발표된 지속가능한 개발목표(Sustainable Development Goals)까지 이어진 인류 공통의 목표이다.

우리가 살아가는 환경은 유한한 자원이기 때문에 환경에의 부하를 최소화하면서 도시의 기능을 최적화하는 것이 중요하다. 이를 위해서는 현재 우리가 살고 있는 도시공간 및 시민의 역량을 강화하기 위해 지속가능하고 회복력 있는(Resilience) 도시계획 수립이 어느 때보다 중요해졌다.

도시의 발전: 스마트 도시

　지속가능하고 회복력 있는 도시계획에 해답으로 자원을 효율적으로 활용하고 삶의 질을 향상할 수 있는 첨단기술을 기반으로 한 스마트도시 건설이 전 세계적으로 활발히 진행 중이다. 국내 스마트 도시는 유비쿼터스 도시라는 이름으로 2000년대 2기 신도시를 중심으로 공공주도로 시작되었다. 하지만 최근에 스마트 도시는 신도시뿐 아니라 기존 도시를 효율적으로 관리·운영하고 시민의 삶의 질 향상을 위한 수단으로 폭넓게 적용되고 있으며, 민간주도 또는 민관 공동으로 추진하는 경향을 보인다. 따라서 도시의 인문·사회·환경을 이해하고 다양한 혁신기술요소를 계획에 반영하는 총괄계획가의 역할이 중요해졌다. 실제로 필자는 스마트 도시계획, 스마트 시티 국가시범도시(세종/부산) 공모사업에서 총괄계획가로 활동하면서 도시의 미래비전을 수립하고 우리의 삶과 도시의 기능이 더욱 성숙할 수 있도록 교통, 환경, 에너지, 방재 등 다양한 분야의 스마트 도시 서비스를 도시 공간에 도입·적용하는 업무를 주로 수행하였다. 앞으로도 도시계획의 영역은 기술의 발전과 생활양식의 변화에 따라 더욱 확장되고 진화할 것이다. 따라서 사람과 기술, 공간이 융복합하여 미래가치를 창출할 수 있는 도시계획가가 많아지길 기대해본다.

도시디자인

김영국

공부는 학부에서 박사과정까지 실내건축 한 우물을 팠다. 역마살 때문인지 여러 직장을 옮겨 다니며 실내인테리어, 건축설계, 도시 환경디자인, 브랜드 개발, 시행 등 다양한 분야를 경험했다. 현재 서울주택도시공사 연구원에 재직 중이며 공공주택 인테리어, 공공디자인, 주택상품 개발, 디자인경영, 주택정책 연구 등 다양한 직무를 수행하고 있다. 데이터를 기반으로 사람과 공동체를 위한 디자인 솔루션을 제시할 수 있는 전문가를 꿈꾼다.

우리가 존재하는 일상의 공간과 환경을 계획하는 일

김영국

SH도시연구원 책임연구원

도시설계, 건축설계, 실내건축…등 공간계획분야의 다양한 직무는 우리가 살아가는 일상의 공간을 계획하고 사람들의 라이프스타일을 담아내고 개인의 행동방식을 조절하는 역할을 포함하는 것이다.

단순하게 물리적인 공간을 계획하는 것에 머물지 않고 체험이라는 장치를 보태어 장소를 계획하는 대단히 책임있는 역할을 하는 것이 우리들이다.

우리가 도면에 그리는 것은 눈에 보여지는 인공물이지만 결국은 우리가 구축한 구조물이 만들어낸 빈 공간(Void) – 인간의 활동무대가 궁극적인 설계의 대상이 되는 것이다. 물론 심미안을 가진 디자이너가 만들어낸 아름다운 인공물이 탄성을 자아내고 세상의 이목을 끌지만 공간과 그 공간을 체험하는 사람과의 상호작용을 놓친다면 결코 좋은 디자인이라고 할 수 없다.

코로나 이후 공간에 대한 인식에 큰 변화가 생겼다. 집에 머무는 시간이 많아지면서 집 꾸미기에 대한 관심이 증가하였고 인테리어, 가전, 가구 등 관련시장이 최대의 호황을 누리기도 했다.

사회적 거리두기, 이동 및 활동공간의 제약, 이전에 경험해보지 않았던 비대면 환경은 비전문가와 전문가 모두에게 일상생활공간의 역할과 의미를 다시 생각해보는 계기를 만들어주었다.

먼저 '사회적 거리'라는 개념이 일반화된 것은 공간계획가 입장에서 상당히 흥미있는 부분이다. 공간은 사람의 행위와 함께 사회적 관계가 형성되는 장소이며 디자이너는 공간의 규모나 배치를 결정할 때 사용자와 공간, 사용자들 간의 상호작용을 고려하게 된다. 사회적 거리라는 용어가 일상이 되면서 대상에 따라 거리에 차이를 두는 것을 누구나 인식하게 되었고 눈에 보이는 경계가 존재하지 않더라도 개인의 영역을 인지하게 된 것이다.

또 공간의 놀라운 수용능력과 열린 가능성을 들 수 있다. 홈디자인의 트랜드를 소개할 때 단골로 등장하는 것이 멀티하우스의 개념인데 가구의 조합에 따라 침실이 사무실, 식당으로 변신하는 주택을 말한다. 신기한 기계장치로 여겨졌던 그 환경세팅이 우리의 현실이 되었다.

보호, 휴식, 식사 등 집의 본질적 기능에 회사, 학교, 헬스클럽, 레스토랑, 문화센터가 더해진 것인데 작은 가구나 소품의 배치로 공간을 무한 변신시키는 것을 시도해본 사람이라면 공간디자이너로서 체험을 제대로 한 것이다.

디지털 기반 트랜드의 중심에는 탈중앙화, 개인화라는 키워드가 있는데 최근 SNS에 포스팅되는 이미지들은 개인의 공간이 자신의 정체성과 욕망이 투영되는 대상이 되고 있다는 것을 보여준다. 메타버스공간에서 아바타를 꾸미는 것이 나를 표현하는 공간으로까지 확장된 것이다. 나다움을 열망하는 트랜드는 소비 트랜드로 이어졌고 MZ세대들이 열광하는 공간은 코로나 시기에도 방문객의 발길이 끊이지 않았다. 서울대 김난도 교수는 '페르소나 공간'이라는 표현을 써서 경험과 재미, 정체성의 욕망을 충족시키는 공간을 디자인해야 한다고 강조하고 있다.

또 공간을 점유하는 방식에도 변화가 컸다. 재택근무, 비대면 수업은 사무실이나 학교라는 지정된 장소에 가지 않더라도 업무와 학습이 가능한 신세계를 열어주었고 내가 원하는 장소를 나의 의지로 선택할 수 있는 자유를 주었다. 제주 한달살기, 세컨드 홈 등 키워드의 높은 검색량이 알려주듯이 공간 소유개념에도 큰 변화가 있었고 인구감소를 우려하는 지방에 활력을 주는 기회를 제공하기도 하였다.

이 이야기가 여러분에게 어떻게 다가왔을지 궁금하다.

팬데믹과 같은 큰 위기와 세상의 변화가 공간을 바꾸었지만 공간은 또 우리의 삶을 바꾸어 놓기도 한다. 공간디자인의 영역은 실로 방대하고 공간디자이너의 역할은 내가 정의하는 공간의 의미에 따라 규정된다고 볼 수 있다.

'사회적인 거리'를 조절하는 공학적인 설계에서부터 치유를 위한 인문학적인 스토리텔링까지 모두가 우리의 역할이다. 누군가 해온 것을 쫓아가는 것이 답이 아닐 수 있다. AR, VR 기술발전으로 공간디자인의 영역이 무한대로 확대되었고 내 역할을 내가 개척하는 것이 얼마든지 가능하다. 메타버스 공간에서 오피스 공간을 디자인하는 것은 어떤가?

공간디자이너를 꿈꾸는 당신이라면 트랜드 민감도를 높이고 사람들의 욕망의 변화에 관심을 기울일 필요가 있다. 그 변화 속에서 기회를 발견할 수 있기 때문이다. 전문지식을 학습하고 필요한 기술을 연마하는 것도 중요하지만 눈과 귀를 열고 다양한 체험을 하는 것이 필요하다. 다양한 공간을 경험하는 것부터 미술, 영화 등 다양한 장르의 예술을 체험하고 많은 사람들의 삶의 이야기에 귀를 기울이는 것도 좋다. 우리는 사람들의 체험을 디자인하고 경험을 설계하는 사람들이기 때문이다.

그리고 우리는 아티스트가 아니라 디자이너라는 것을 잊지 말자. 우리의 일은 문제인식으로부터 출발한다. 사용자가 만족할 수 있는 결과물을 만들기 위해서 실용성·예술성 등 디자인 역량을 필요로 하지만 무엇보다 중요한 것은 나 혼자 해결할 수 있는 과업이 아니라는 인식이다. 내가 맡게 된 과업마다 새로운 배움이 있고 많은 스승을 만나게 된다. 열린 자세가 중요하다. 특히 공간디자인은 다양한 주체와의 협력이 필요한 작업이기 때문이다.

공간과 환경을 계획하는 전문가로 성장하기 위해서 마지막으로 '타인의 시선으로 바라보기' 연습을 권하고 싶다.

선주현

학부에서 건축을 전공하고 연세대학교에서 도시공학 석사학위를 취득하고 박사과정을 수료하였다. 학부 졸업 후 건축설계사무소인 ㈜범종합건축사사무소와 ㈜하우드종합건축사사무소에서 송도국제업무지구 프로젝트 및 부산국제업무지구 프로젝트를 수행하였으며, 이후 디벨로퍼인 시행사로 커리어 변경을 하여 ㈜용산역세권개발에서 용산국제업무지구 마스터플랜 및 건축설계관리를 진행하였으며, ㈜파르나스 인터콘티넨탈 호텔에서 비즈니스 호텔 개발, ㈜SK 디앤디에서 1인 가구 코리빙 '에피소드' 프로젝트 참여 등 다양한 경험을 가지고 있다.

현재는 올해 초 시행사인 SK디앤디의 퇴사와 함께 부동산 프로젝트 매니지먼트 회사 '플랫그라운드' 법인을 만들어 창업을 하였으며, 도시재생엑셀레이터 '크립톤엑스'의 파트너를 겸하고 있다.

융복합시대에 그 무엇보다 중요한 것은
전문성과 협업

선주현

㈜부동산프로젝트 매니지먼트 '플랫그라운드' 대표
도시재생엑셀레이터 '크립톤엑스' 파트너

역할을 하는 디벨로퍼

오케스트라 협주시 지휘자의 지휘에 따라 다양한 악기들이 어우러져 아름다운 음악 연주를 만들어내는 것처럼, 건축 프로젝트를 완성하기 위해서는 다양한 파트와 회사들이 프로젝트 매니저(PM)의 진두지휘에 따라 프로젝트 목표를 완수한다.

일반적으로 프로젝트 착수를 결정하는 PM(Project Management)의 역할을 하는 디벨로퍼(Developer)인 시행사가 사이트 분석을 통해 타깃과 콘셉트를 설정하고 그에 따른 수요 조사를 통해, 타깃 고객의 니즈를 분석하여 고객에게 새로운 공간과 라이프를 제안하기 위하여 주어진 예산과 프로세스와 일정 등을 고려하여 하나의 결과물을 완성하게 된다. 이때 함께 프로젝트를 진행하는 다양한 파트로는 부동산 금융, 설계사, 담당 공무원(인허가), 시공사, 그리고 분야별 컨설팅 등이 있다.

먼저 디벨로퍼라 불리는 시행사가 프로젝트의 대지를 선정하고 대지를 매입하는 과정에서 시행사에서 추구하는 기본 이익 이상을 얻는 사업성을 분석하여, 프로젝트 착수 여부를 결정한다. 사업성 분석을 하기 위해서 건축물이 완성된 후에 분양 또는 임대할 수 있는 가격대를 시장조사를 통해 평단가를 계산하고 건축 법규 검토를 하여 최대로 지을 수 있는 건축 규모의 면적을 곱하여 몇 년 뒤에 얼마에 팔 수 있을지를 가정하여 수익성을 분석한다. 그리고 순이익을 계산하기 위해 프로젝트 착수에 투입되는 토지 매입비, 설계비, 공사비 그리고 금융 조달에 따른 대출이자와 기타 소요되는 비용의 원가산출을 반영한다.

이러한 사업성 검토를 통해 프로젝트 착수를 긍정적으로 결정하게 되면 프로젝트의 비용 조달을 위해 금융사와 어떠한 부동산 금융구조로 프로젝트 비용을 조달하는 것이 가장 적합한지와 조달해야 할 비용이 큰 경우에는 외부 투자자의 연결 등을 협의한다. 그래서 시행사와 부동산금융관련 업무를 하는 자산운용사와 증권사에서 일하는 사람들의 전공을 보면 주로 건축공학과 도시공학, 경제학 및 경영학을 전공한 사람들이 주를 이룬다. 그리고 본격적인 착수를 위해 건축설계가 진행되고 정부로부터 인허가 승인을 득한 후 건설시공사에 의해 건물이 지어진다. 건축설계와 건축시공 분야에는 건축, 구조,

2012년 용산국제업무지구 프로젝트 계획설계안 발표회

기계, 전기, 소방, 토목 등 많은 전문 엔지니어가 프로젝트에 참여한
다. 그 외에 기타 컨설팅 업무를 진행하는 회사와 사람들이 함께 하
나의 프로젝트를 진행한다. 건물을 완공한다는 것은 이렇게 많은 전
문 파트와 다양한 사람들을 만날 수 있는 일이다.

부동산개발이라는 카테고리 안의 다양한 직업들

20대 초반 건축을 공부하는 학부시절에는 이러한 실제적이고 총
체적인 과정들을 잘 몰랐기에, 사이트 분석에 따른 매스 스터디와 콘
셉트 그리고 도면을 트레싱지에 로트링펜으로 잘 그리는 것이 무척
중요하다고 생각한 때가 있었다. 유독 만들기와 그리기에 재능이 없

2012년 용산국제업무지구 마스터플랜 계획설계안

던 나는 그 점에서는 매우 위축되어 있었으며, 이러한 내가 건축분야의 전공을 살릴 수 있을까라는 생각을 하던 때가 있었지만 사회에 나와서 일을 하게 되면서 하나의 건축 프로젝트에 다양한 분야가 있다는 것을 알게 되었고, 그 안에서 본인에게 가장 잘 맞는 분야를 찾아서 일할 수 있는 기회들이 다른 직종보다 더 많은 것을 알게 되었다. 건축과를 나와 건축설계사무소에서 건축설계일을 할 수도 있고, 건설시공사에 들어갈 수도 있으며, 디벨로퍼 회사의 시행사 또는 금융회사에서 부동산금융과 같은 일을 할 수도 있다. 이 업을 하는 사람들을 관찰해 보면, 보통 학부는 건축과를 가고 석사과정에서 좀 더본인이 가고자 하는 분야를 특화하는 경우가 많다. 그리고 때론 건축을 전공하지 않았더라도 시행사에서 개발과 금융을 하는 사람들도 있다.

이렇게 건축일은 다양한 분야가 함께 총체적으로 하는 프로젝트이기에 그 안에서 본인의 타고난 재능과 관심사를 고려하여 분야를 선택하고 특화하는 일이 중요하다. 오케스트라의 연주에서 다양한 악기가 함께 연주하는 것처럼 건물을 만드는 일은 다양한 파트의 프로세스에 따른 적절한 타이밍에 맞는 협업이 중요하다. 오케스트라 연주에서 악기가 각자 자기 소리만 내려고 하면 아름다운 하나의 연주곡을 완성하지 못하고 잡음을 내는 것처럼, 아름다운 하나의 연주곡을 완성하기 위해서는 아티스트는 가장 잘 다루는 악기를 선택하고 각자의 악기에서 프로실력자이면서 전체 곡을 이해하여 본인이 연주해야 하는 타이밍에 정확하게 연주를 해야 한다. 또한 아무리 자기의 분야에 실력자라도 독자적이지 않고, 지휘자의 지휘에 맞춰 연주를 하는 사람이 진정한 프로 아티스트라 할 수 있다.

이처럼 건축물을 완성하는 것은 오케스트라의 연주처럼 각 분야의 전문 플레이어들이 부동산 프로젝트의 협주곡을 완성하는 일이다.

그중 프로젝트 매니지먼트 역할을 수행하는 부동산 디벨로퍼(시행사)는 오케스트라의 지휘자와 같은 역할을 한다. 각각의 파트들이 언제 연주해야 하는지 신호를 주는 것처럼, 프로젝트를 진두지휘하며 각 과정마다 가장 합리적인 의사결정을 하며, 프로젝트를 처음부터 끝까지 이끈다. 그래서 디벨로퍼는 부동산 개발 프로세스에 대한 전반적인 이해가 수반되어야 하며, 단계별 전문가들이 말하는 전문지식을 경청하고 이해하며, 리스크를 관리하여 프로젝트의 목표와 방향성을 유지하면서 모두에게 최대한의 이익을 가져올 수 있는 판단을 주어진 시간과 예산 안에 해야 한다.

전문적인 지식과 재능의 축적 그리고 협업이 필요한 일

요즘은 창의성이 중요한 시대이기에 많은 다양한 분야에서 젊은 20대 30대의 CEO들이 많이 나오고 있으며, 하나의 예로 종합금융 플랫폼 겸 메신저로 간편 송금을 하는 '토스(금융)'의 기업에서는 아이디어만 좋으면 누구나 리더가 될 수 있다고 할 정도로 업에 대한 경력보다는 창의성의 중요도를 선호하는 것을 알 수 있다.

그러나 건물을 만드는 일은 각각의 파트에서 전문적인 지식과 재능의 축적과 협업으로 최고의 결과물을 만드는 일이기에, 악기를 오랫동안 연주하면 실력이 느는 것처럼, 유사 프로젝트 진행의 경험에 다소 비례하는 편이다. 또한 이렇게 아름다운 음악 협주를 하는 악기에는 우리가 보편적으로 아는 피아노, 바이올린, 첼로 외에도 더 많은 다양한 악기가 있는 것처럼 건축분야도 그렇다.

그리고 대학교에서의 건축전공 설계 점수와 비례하는 일도 아니다. 건축 프로젝트를 하기 위해서는 코디네이션 역량도 중요하고 협업과 전체를 볼 수 있는 통찰력도 중요하다. 끝으로 건축학도들에게 해주고 싶은 말은 건축일은 참 많은 업을 포함하고 있으며, 먼저 본인이 가장 잘 다룰 수 있는 악기를 찾아야 한다는 것이다. 때론 직장 생활을 하면서 더 많은 악기들이 함께 연주하고 있음을 알게 되고, 본인이 가장 잘 연주할 수 있는 악기를 찾아가는 경우도 많다.

아름다운 음악 협주로 사람들의 마음에 감동을 주고 귀를 즐겁게 해주는 것처럼 건축물을 만드는 일은 사람들에게 더 나은 삶의 공간을 제공해주는 전문가들의 협주곡이다.

6

부동산개발

Jun Eunyoung

윤은영

경북대학교에서 건축공학을 전공하고, 건축, 부동산, 도시를 공부하기 위해 연세대학교에서 도시계획 석사학위를 취득하였다. 건축사로서 건축설계 업무를 수행하던 중 부동산개발사업에 관심을 갖고 ㈜유니에셋에서 건설사업관리(CM) 업무를 하였고, 이후 프로젝트 매니지먼트 업무로 확장하여 삼일회계법인 부동산사업본부, ㈜나라감정평가법인 PCM사업본부에서 PM(Project Management)으로서 도시개발사업 산업단지 조성 PM업무, 서초구 집합상가건물 재건축&리모델링 사업타당성 검토, 일산 덕이지구 상업용건축물 PM업무 등 다수의 프로젝트를 수행하였다. 서울시 건설기술심의위원, 인천시 건설기술심의위원 등 각종 건축, 도시계획 위원회 및 서초구 부동산가격공시위원으로 활동하였고, 현재는 부동산개발사업, 분양대행, PM전문회사로서 ㈜라움파트너스와 더함가건축사사무소㈜를 설립하여 대표이사를 맡고 있다.

부동산과
감정평가

윤은영

㈜라움파트너스
더함가건축사사무소㈜ 대표

건축++

부동산개발하면 일반적으로 새로 지어지는 건물을 떠올린다. 건축설계와 건축시공이 가장 돋보이는 이유이기도 할 것이다. 부동산개발은 수많은 전문가들의 협업으로 만들어지는 최종 작품이다. 토지 중개, 개발행위허가, 토목공사, 금융, 감정평가, 컨설팅, 건축설계, 시공, 분양, 운영 등등 수많은 분야들이 어우러져 하나의 개발사업이 완성된다.

부동산은 협의의 개념으로는 토지와 정착물(일반적으로 건축물)이다. 부동산개발에 있어서는 물리적 개념에서 확장한 부동산시장의 동향을 파악하는 것이 필요할 것이다. 또한 감정평가는 부동산의 가치를 판단하는 전문영역으로 부동산개발 사업성 판단, 금융 그리고 준공 후 가치평가 등에서 중요한 분야이다.

부동산시장

우리가 만들어내는 모든 건축물은 부동산시장에 진열된 물건들이라고 볼 수 있다. 물론 시장에 판매되는 물건으로 내어 놓지 않는 건축물도 있다. 하지만 그것조차도 시장의 영향을 받아 자산의 가치가 결정된다. 부동산시장은 거시경제와 미시경제의 영향을 받는다. 용어가 뭔가 거창한 것 같지만 우리 일상에서 자주 듣는 이자율 즉, 금리, 환율과 수요와 공급이다. 최근 몇 년 동안 부동산시장의 급등은 저금리와 부동산 공급의 부족이 그 이유 중 하나이다.

따라서 부동산개발을 위해서는 금리, 환율 등 경제동향과 수요, 공급 현황을 파악해야 한다.

감정평가

감정평가는 부동산개발, 재개발·재건축 그리고 부동산을 담보로 하는 대출 등을 취급해 보지 않은 사람에게는 생소한 분야일 수 있다. 감정평가는 시장에서의 일반적인 거래상황을 상정한 부동산의 가치판단으로 평가3방식(원가법, 거래사례비교법, 수익방식)에 의해 부동산의 가격을 평가한다. 부동산개발에서 감정평가는 처음 토지취득 단계에서부터 토지가격을 산정하기 위하여 토지의 가격 판단이 필요하고, PF(Project Financing)단계와 준공 후 자산가치 판단을 위해서 감정평가가 필요하다.

제너럴리스트 vs 스페셜리스트

부동산개발 과정과 단계에는 많은 스페셜리스트들이 있다. 해당 분야 최고 전문가들이다. 이 글을 보는 분들도 현재 스페셜리스트이거나 장래 스페셜리스트가 될 분들일 것이다. 하지만 진정한 스페셜리스트가 되기 위해서는 부동산개발에서 더 나아가 부동산시장, 도시계획에 이르기까지 전체를 연결해서 볼 수 있는 눈이 필요하다. 부동산개발은 토지(중개·세무), 금융, 건축설계, 인허가, 시공, 분양, 운영까지의 전 과정이 유기적으로 연결되어 있고, 비록 나는 건축설계 혹은 시공 전문가이지만 건축설계나 시공 이전·이후 단계에 대한 기본적인 이해가 필요하다.

부동산개발

Kim Ji Young

김지영

동국대학교를 졸업하고 동국대학교대학원 건축계획학과에서 석사학위를, 건국대학교에서 부동산학으로 박사과정을 밟고 있다. ㈜목양종합건축사사무소 사장, ㈜목양엔지니어링건축사사무소 대표이사를 역임하고 설계 및 건설사업관리를 이끌다가 부동산개발 ㈜엠디파트너스 대표이사를 거쳐 현재는 목양그룹 부회장으로 재직 중이다. 고려대학교 공학대학원 건설경영최고위과정(30기), 서울대학교 공과대학원 건설산업최고전략과정 ACPMP(16기), 한국부동산개발협회 KODA(5기), 대한건축학회 AAL(7기)을 거쳤으며, 건설부동산개발 전문가로 열정적으로 활동하면서 현재 한국여성건설인협회 부회장이다.

건설인과
디벨로퍼

김지영
㈜목양그룹 부회장

늦깎이 건설인

'건설인'이라는 용어의 사전적 의미를 찾아보니, 건설업에 종사하는 사람이라고 한다. 언제부터인가 나도 건설인이라고 생각하는 게 어색하지가 않다. 불과 몇 년 전만 해도 여러 협회, 많은 사람들을 만나 건설인이라고 말하는 것에 대해 괜히 혼자 어색해 하곤 했다. 겉으로는 아닌 척했지만 좀 어색했다.

전공도 하지 않고, 회사운영과 경영부터 시작했던 나는 건설용어들이 너무 낯설었다. 공식적인 회의 자리에서 모르는 용어가 나오면 괜히 혼자 주눅이 들곤 했다. 그래서 주말에도 회사에 나가서 인터넷으로 건설용어 검색을 하며 하나하나 배워갔다. 그러나 혼자 하는 공부에 한계를 느끼게 되었고, 대학원에 가서 적극적으로 공부하는 게 좋겠다는 생각을 하게 되었다. 나는 바로 대학원 석사과정에 입학했다. 입학한 후에는 전공을 한 적이 없기에 대학 1학년생이라 생각하고, 학부생들과 같이 기초과목 수업부터 열심히 듣고 또 함께 이야기하면서 전공지식을 넓혀갔다. 어느 정도 고개를 끄덕일 정도가 되니 재미있었다. 좀 더 일찍 시작하지 않은 것을 후회하면서 매일을 살았던 거 같다.

늦은 나이에 공부를 하면서, 그래도 아버지보다는 내가 빠른 거라고 스스로를 안심시켰던 것 같다. 지금에 와서 얘기지만, 아버지는 사업을 시작하는 시점에 이미 많은 경험과 연륜, 현장경험 등이 쌓인, 준비가 된 분이셨고 그에 비해 나는 아무것도 모르는, 한참 부족한 풋내기였음을 이제야 깨닫는다. 여하튼 회사 운영과 대학원 수업을 병행하는 두 아이의 엄마로서 눈코 뜰 새 없는 하루하루가 이어졌다.

아버지를 비롯한 주변 사람들의 직·간접적인 채찍질에 정신없이 살다보니 15년이 지나갔고, 내가 지금 이 자리에 있게 되었다. 어느새 한국여성건설인협회 부회장도 되고, 멋지고 자랑스러운 여성건설인들과 같이 인사도 하고, 밥도 먹고, 얘기도 하는 건설인이 되어 있었다. 참으로 감사한 일이다.

특히 존경하고 사랑하는 아버지께 감사하는 마음은 점점 커지고 있다. 그리고 지금까지 싸우고 이해하며 험난한 30년 같은 15년을 같이 살아온 사랑하는 어머니, 사랑하는 동생들에게도 감사하다. 마

N49

지막으로 옆에서 무한한 응원을 해주는 남편과 사랑하는 아들, 사랑하는 딸에게도 감사한 마음을 전한다.

디벨로퍼란?

디벨로퍼(developer)를 검색창에 검색해 본 내용을 간단히 요약하면, '자연적으로 생기지 않는 것을 계획적·종합적 사업으로서 개발하는 업자로 공공디벨로퍼(주공, 토공 등)와 민간 디벨로퍼로 구분되어진다'라고 되어 있다.

감리, 설계 사업이 어느 정도 안정되어갈 무렵, 회사 인원이 해마다 두 배 이상씩 무서울 정도로 늘어나고 있었고, 공간이 자꾸 부족

복정역세권복합개발

해졌다. 임대료 나가는 것이 계속 많아지는 걸 보면서 임대공간에 관심을 가지게 되었다.

내가 임대료를 내는 이 건물은 어떻게 만들어지는 걸까? 하드웨어를 만드는 거에 대한 일을 하는 우리의 사업 이외에 뭐가 더 있고 그 프로세스나 그런 사업은 어떤 건지 알고 싶었다. 며칠 밤낮을 찾아 헤매이다 보니, 디벨로퍼란 단어가 눈에 들어왔다. 그래서 우선, 그와 관련된 책을 사 모아서 읽기 시작했다. 그렇지만 시중에 있는 책만 읽어서는 잘 알 수가 없었다. 그래서 건축석사를 졸업하고 부동산학 박사과정에 도전하게 되었다.

박사과정을 하면서 부동산업에도 다양한 직업들이 있다는 것을 알게 되었다. 흔히 우리가 자주 접하는 부동산 중개사업부터 부동산개발업, 분양대행업, 부동산금융업, 자산관리업, 투자운용사, 자산운용사, 감정평가사, 도시계획업, 도시설계업 등등. 이 모든 일들이 건설업과 관련된 일이라는 걸 알게 되었고, 부동산학 박사과정 1학기 수업을 들으면서 그 수업도 만만하지 않다는 걸 뼈저리게 느끼게 되었다. 나는 일단 전문적이라기보다는 "아, 이런 거구나~" 정도의 지식을 얻은 후에 휴학을 결정했다.

나는 회사 경영인이기에 무엇이 회사에 도움이 될지 고민했고, 우리의 능력으로 할 수 있는 부동산개발분야에 진출해야 한다는 생각을 하게 되었다. 그러려면 우선, 아버지와 동생들을 설득해야 했다. 건축사인 아버지는 일주일 정도의 교육만 받으면, 바로 부동산 전문인력 등록이 되는 걸 알고, 교육을 보내드렸다. 우리 회사는 대부분 기술자분들로 구성이 되어 있기에 부동산 전문인력 조건을 갖춘 분들이 많았다. 동생들까지 설득하기에는 고생을 좀 했지만, 결국은 부서를 만드는 데 성공했다. 개발사업이라 하기에는 민망하지만, 그 당시의 나에게는 큰 모험이라고 할 수 있는 결정을 했는데, 사옥 지을 땅을 공모로 분양받은 것이다. 그것을 시작으로 여러 가지 공모사업을 통해 부동산개발사업의 문을 열고, 그 속으로 한걸음씩 나아갔다.

앞으로의 진로를 고민하는 후배들에게

아무것도 없는 땅에 유원지가 생기고, 카페가 생기고, 아파트가 생기며, 그 공간에서 우리는 사랑하고, 먹고, 자고, 살아간다. 얼마나 멋진 일인가.

아트, 미술, 생활, 인테리어, 색감 그리고 인문학, 도시, 건축, 설계, 시공, 감리, CM, PM, 기타 등등 수많은 분야가 건설분야와 관련이 있다. 할 일도 너무 많다. 여자건 남자건, 이쪽 분야에 조금이라도 관심을 가진 친구들이라면 주저하지 말고 뛰어들길 바란다. 요즘은 젊은 친구들이 건설분야를 기피하는 경향이 있는 거 같다. 힘들고 어려운 직업이라고들 한다. 맞는 말이다. 힘들고 어렵다. 그러나 전문성만 가지면 무엇이든 할 수 있고, 다른 사업들에 비해 부가가치도 높다. 우리나라는 이제 건설분야는 끝났다고 생각하는 경향들이 있는데, 내가 볼 때 건설은 신축이 중요한 게 아니라 재정비가 더 필요하다. 또한 다른 분야와의 콜라보가 꼭 필요한 일인 것 같다. 사람이 살아가는 곳에 건설은 필수불가결한 분야이다.

나는 지금도 공부한다

나는 지금도 공부한다. 맘에 맞는 친구와 같이 건축 수업과 부동산 수업을 듣고 프롭테크, 메타버스 등 아직도 공부할 것들이 너무 많다.

요즘은 융복합시대이다. 그리고 사람은 각자 소질과 성향이 다 다르다. 나의 성향은 나만이 알 수 있다. 그것을 제대로 알려면 정말 많은 고민을 해야 한다. 뭘 할지 몰라서 고민되고 힘들더라도 결국 답은 내가 찾는 것이다. 전문적인 지식으로 어느 분야에 꼭 필요한 사람이 될 것인지, 그 전문적인 지식을 가진 사람들과 대형 프로젝트를 완성하는 지휘자가 될 것인지는 스스로 생각해서 답을 구한 후에 생각한 방향으로 나아가면 된다. 답을 구하는 시기가 꼭 20살일 필요는 없다. 30살, 40살, 50살, 60살, 언제든 가능하다. 그러나 그 시간 동안 매일 헛되이 보내는 시간이 없도록 끊임없이 고민 하는 건 멈추지 말아야 한다고 얘기해 주고 싶다. 나는 지금도 꿈을 꾸고, 그 꿈을 실현하기 위해 노력한다. 그래서 나는 행복하다. 이 책을 읽는 여러분들도 이 행복을 꼭 느껴보시길 기도한다.

Section 03

계획 및
설계 분야
멘토들의 이야기

건축설계

Shin Sujin

신수진

한양대학교에서 건축학을 전공하였고, 건국대학교 부동산대학원에서 석사학위를 취득하였으며 홍익대학교에서 박사과정을 수료하였다. 희림건축에서 건축실무를 시작했고 유선건축 창립멤버이다. 2004년 건축사자격증을 취득하고 2009년 에스엔파트너스건축사사무소를 설립하였다. 2010년부터 유선엔지니어링건축사사무소에서 근무하며 다양한 프로젝트를 수행하였고, 2021년부터 대표이사직을 수행하였다. 2022년 폴라리스 건축사사무소를 창업하였다. 2020년 국립익산박물관으로 건축문화대상 본상을 수상하였고, 강남구 도시계획위원, 성동구 공공디자인위원, 대한건축학회 이사로 활동 중이며 2021년 국토부장관 표창을 받았다.

건축가,
힘들지만 좋은 직업

신수진

폴라리스 건축사사무소 대표

선택의 이유

나는 어릴 적에 단독주택에서 살았는데 크고 작은 공간이 주는 느낌을 좋아했었다. 그림을 그리고 무언가를 만드는 일을 좋아했던 나는 시각적으로 완성도 있는 작품을 만들어서 다른 이에게 보여주고 선물하는 일에 많은 시간과 노력을 들였던 기억이 난다. 미술을 좋아하고 전문직을 지향했기 때문에 큰 고민 없이 건축학과에 입학했고, 건축설계를 직업으로 택하게 되었다. 내 주변의 많은 건축가들에게서 비슷한 성향을 발견하곤 한다. 어떤 일을 시작하면 일단 몰입하여 완성도를 높이려는 모습을 보며 그들이 택한 '건축가'라는 직업은 타고난 재능과 관심에 따라 자연스럽게 걷는 길일지도 모르겠다는 생각이 든다.

국립익산박물관(2020 건축문화대상 본상)

학창시절

꼭 짜여진 고등학교의 커리큘럼을 마치고 대학교에 입학했을 때는 공부보다는 새로운 경험을 해보자는 생각이 강했다. 재미있어 보이는 많은 모임에 참여했고, 동기, 선배, 후배들과 함께하는 술자리나 여행에 빠지지 않았다. 어릴 때부터 소설책을 좋아했는데, 대학교에 들어가서는 선배들과 동기들이 추천하는 다양한 책들을 읽고 토론하며 많은 간접 경험을 쌓았다. 사람들을 좋아하고 새로운 것에 대한 학습을 좋아하는 나의 성향은 학창시절을 즐겁고 풍요로운 인생의 한 조각으로 만들어주었다. 이때의 경험과 관계들은 이후 건축가로서의 나의 삶에 많은 영향을 끼쳤다.

건설기술인협회 리모델링(2020 리모델링건축대전 특선)

건축가가 되는 길

1996년부터 직업으로서 건축설계를 시작했다. 학창시절 경험을 쌓는 데 집중하느라 많은 것을 배우지 못한 탓이었는지 설계사무소에 들어가서 모든 것을 처음부터 다시 배우는 것 같았다. 하지만 같은 성향을 가진 사람들이 모여 있어서 그런지 직장생활이 즐거웠고, 하루하루에 최선을 다하며 살다보니 26년차에 이르기까지 건축에 대한 사랑이 식지 않았다. 내가 맡은 업무가 끝날 때까지 퇴근을 할수 없어서 야근과 철야가 일상이었고, 아이를 키우며 하기에는 벅찬상황도 많았지만 힘든 만큼 보람도 큰 일이었다. 특히 나의 초기 디자인이 긴 프로세스를 거쳐 땅 위에 실현되는 것을 보면, 힘들었던 중간과정은 쉽게 잊혀졌다.

건축에 대한 생각

건축은 어렵다. 건축물마다 특수성이 있기 때문에 모든 프로젝트의 시작에는 '공부'가 기본이 된다. 대지, 역사, 컨텍스트, 사용자, 법규 등 다양한 분야에 대해서 기본적인 학습이 요구되고 이를 바탕으로 창의적인 해석, 즉 디자인이 필요하다. 한정된 기간 동안 건축의 모든 분야를 통달할 수는 없기 때문에 사람마다 자신의 전문성을 다르게 키워나간다.

건축가가 되기 위한 중요한 덕목 중 하나는 배움과 과정을 즐기는 여유라고 생각한다. 건축은 완성에 이르기까지 오랜 시간이 걸리는 직업이다. 초기에 두각을 나타냈다고 해서 훌륭한 건축가가 되는 것이 아니고 오랜 시간 동안 여러 프로젝트를 경험하며 공부하고 고민했던 시간들이 개인의 능력으로 쌓이는 직업이라는 생각이 든다. 건

안산신길 도시건축통합프로젝트(2020)

국가철도공단 양양 인재개발원(2023 준공 예정)

축설계는 스트레스가 많은 직업이지만 다양한 프로젝트를 경험하며 끊임없이 지식을 쌓아가는 과정을 즐겁게 받아들이는 사람들은 다른 직업에서는 느낄 수 없는 보람과 결실을 반드시 만날 수 있다는 것이 나의 생각이다.

생각과 영역의 확장

건축가는 땅을 다루는 사람이다. 그 땅에 살아갈 사람들에 대한 깊은 이해를 바탕으로 그들의 삶의 공간을 디자인하기 때문에 주변지역과 대지가 속한 도시, 그 도시의 역사 또한 연구의 대상이 된다. 나는 서울시와 LH, 각 지자체에서 발주하는 다수의 기본계획 및 기획 업무를 통해 도시의 밑그림을 그리는 작업을 하며 건축가의 역할이 확장되고 있음을 경험했다. 2020년에는 LH에서 발주한 안산신길 도시건축통합마스터플랜을 수행하며 건축가로서 입체적 도시계획에 참여했다. 이 경험은 건축을 보는 시야를 비약적으로 넓혀주는 계기가 되었다.

최근에는 블록 단위 이상의 복합개발 프로젝트를 통해 도시와 건축이 더 밀접하게 결합되고 있음을 경험하고 있다. 건축가의 역할이 도시 단위로 확대되고 있는 만큼 건축가들이 도시를 이해하고 바르게 읽어내는 눈을 가져야 한다고 생각한다. 도시란 워낙 다양한 분야의 집합체이기 때문에 인문, 경제, 사회 전반에 이르는 관심을 필요로 한다. 도시경쟁력을 창조하는 주체로서 아름다운 건축물을 디자인할 수 있는 능력과 함께 바르게 판단하고 다양한 주체의 협조를 이끌어낼 수 있는 통찰력을 겸비해야 한다. 이 때문에 건축가는 숙명적으로 끊임없이 탐구하고 공부하는 과정을 반복해야 하는 것 같다.

신나는 건축가

건축설계는 반짝이는 아이디어의 표출과 함께 작품의 실현을 위해서 시간이 많이 투여되는 일이다. 좋은 작품을 만들기 위해서는 나의 개인생활도 많은 부분 포기하며 시간과 노력을 할애해야 한다. 하지만 건축을 하다보면 신나는 일들이 많이 생긴다.

출장으로 지방에 가거나, 해외를 가야 하는 일들도 많고, 영감을 얻기 위해서 좋은 공간, 먼 도시로 여행을 가는 일도 많다. 출장이건 여행이건 새로운 도시에 갈 때면 설레고 신나는 기분이 든다. 멋진 건축물들을 답사하는 것도 좋고, 나와 다른 생활패턴을 가진 사람들의 삶을 관찰하는 것도 기분 좋은 일이다. 다른 건축가들과 함께 여행을 하고 대화를 나누는 재미는 내 인생을 아름답게 만들어주는 주요한 요소이다.

내가 아는 많은 건축가들은 경험치를 바탕으로 나이가 들수록 더 숙련되고 더 좋은 디자인을 실현하곤 한다. 세월과 함께 점점 더 가치를 드러내는 그들을 보며 나는 나이 드는 일이 오히려 기대된다는 느낌을 받는다.

건축가는 창의성과 인내심이 함께 필요한 직업이지만 모든 것을 처음부터 갖추고 있는 사람은 없다. 공부를 하고 일을 하면서 이런 능력은 차근차근 쌓여가게 된다. 건축가는 개인의 성향과 잘 맞는다면 행복을 추구하면서 긴 시간 일할 수 있는 좋은 직업이라는 생각이 든다.

건축설계

Lee Sun Kyung.

이선경

홍익대학교에서 건축학을 전공하였고, ㈜서울건축종합건축사사무소를 거쳐 지금은
㈜우일종합건축사사무소 대표이며, 숙명여대 환경디자인과 겸임교수, 서울시 건축사회
부회장을 맡고 있다. 한국여성건설인협회, 대한건축사협회, 한국건축가협회 정회원, 한국
여성건축가협회 이사이며 서울시 건축위원회, 서울시 도시재정비위원회, 서울시 공공지
원 민간임대주택 통합심의위원회, 한국공항공사 건설기술자문위원회 위원이며, 한국철도
공사 공공건축가이다. 2020년 서울특별시 건축공로상 및 2021년 국토교통부장관 표창을
수상하였다.

리더십을
소유하라

이선경

건축사
㈜우일종합건축사사무소 대표

건. 축. 學.

오늘 우리가 길을 나서면서 아니 집에 있더라도 거의 매순간 건축물을 만나게 된다. 여행을 가도 유명한 건축물 앞에서 인증샷을 찍는다. 유명한 맛'집'에도 간다. 하루를 거의 건축물과 함께 보내게 된다. 이 책을 읽는 지금 이 순간에도 여러분들 중의 상당수는 건물 안에 있을 것이다. 그 건물은 예뻐야 하고, 시원하고 따뜻해야 하고, 안전해야 하고, 가치가 있어야 하고, 사용자의 욕구를 만족시켜야 한다. 내가 매년 학기 초에 수업을 시작할 때 건축을 배우고자 하는 학생들에게 제일 먼저 하는 이야기가 있다. 우리가 배우는 혹은 알고 있는 모든 학문들 중에서 가장 종합적인 학문이 건축학이라는 것이다. 우리가 알고 있는 '학(學)'들 중에서 건축학은 그 분야를 전공하고 사회에 나가 실무를 하다보면 자연스럽게 다양한 분야를 접하게 되고 알게 된다. 건축주와의 소통을 위한 인문학, 심리학, 예술분야, 아름다운 디자인을 위한 미적 감각, 건물을 축조하기 위한 구조역학, 설비분야, 시공 및 부동산으로서의 가치를 위한 금융, 건물을 설계하고 짓기 위한 관청업무, 건물이 놓여질 도시에 대한 이해, 완성된 후 사진을 찍는 과정 등 이루 다 나열할 수 없을 정도다. 그래서 건축은 어쩌면 학문이라기보다 종합예술이 아닌가 하는 생각이 든다. 건축학은 건축관련 분야의 가장 기본이 된다고 해도 과언이 아니다. 이 책에서 다뤄질 모든 분야의 시작이 건축학이다.

이과? 문과?

이제는 없어진 이과 문과 선택. 난 초등학교 때부터 신학기가 되면 늘 남아서 환경미화에 참여하는 멤버가 되었었다. 임원일 때도 임원이 아니었을 때도…. 초등학교 중학교 고등학교 때까지 줄곧 난 그게 그렇게 재미가 있었다. 방과후 남아서 친구들이랑 함께 시간을 보내는 것도 좋았고, 교실을 어떻게 디자인할지를 계획하고 일을 나누고, 손끝에서 뭔가 만들어져 결과물이 나오는 게 참 재미있고 좋았다. 그런 가운데 우리 반이 환경미화 1등을 한 적도 제법 많았고 그때의 성취감은 참으로 기쁜 기억이다. 요새는 학생들이 입시 때문에 환경미화를 직접 할 수 있는 기회가 없어진 것이 참으로 아쉽다. 협업과 결과물을 통한 사회성과 보람과 성취감을 느낄 수 있는 참으로 좋은 기회인데 말이다. 그러다가 고2가 되면서 이과 문과를 선택하는 순간이 있었다. 난 그때 건축이 뭔지도 잘 모를 때 어렴풋이 교실환경미화를 했던 일들을 떠올리며 선생님과 부모님께 여쭈었더니 '그럼 이과지'라고 하셨다. 아마 건축학과를 생각하신 듯하다. (지금 생각해보면 아마도 이미 고2가 되는 시기에 미대 준비를 했던 것이 아니었기 때문이기도 하겠다.) 약간의 소질이 있었기도 했겠지만 교실환경미화에 여러 해 참여하면서 건축물과 공간에 대하여 느끼면서 자란 나의 꿈이 이젠 나의 직업이 된 게 아닌가 하는 생각이 든다.

꿈은 만들어지기도 하지만 성장하면서 우연한 경험이나 그것으로 인해 느낀 것으로부터 생겨나기도 한다. 꿈은 멀리 있지 않으니 나의 경험을 잘 돌이켜보고 잠자는 나의 꿈을 깨워보자.

우주의 중심은 나?

건축이란 분야는 결코 만만치 않은 분야다. 대학시절은 물론이고 젊은 시절 또한 일을 위하여 나의 시간을 많이 할애해야 하는 분야이다. 하지만 1만 시간의 법칙이란 말이 있듯이 어떤 분야든지 프로가 되기 위하여 그만큼의 노력은 당연히 필요할 것이다. 우린 종종 일을 위하여 많은 것을 포기한다고 한다. 결혼도 출산도 육아도…. 하지만 우리가 닮고 싶은 리더들 중에는 결코 싱글만 있는 것은 아니다. 일 때문에 결혼을 포기하는 게 아니라 아마도 콩깍지가 씌어질 만한 사람을 못 만나서인 건 아닌지….

"혼자 빛나는 별은 없다"라는 제목의 책이 있다. 오랜 시간 기자생활을 하며 국장까지 지내고 지금은 은퇴한 동아일보 오명철 국장의 자전적 산문집이다. 그가 인생에 힘이 되어준 분들을 회상하며 쓴 글이다. 아마 그도 그들에게 힘이 되었으리라….

모든 분야가 그러하듯이 오랜 기간 한자리를 지키며 경지에 오른 사람들은 우주의 중심을 나로 두지 않는다. 더불어 살아가는 지혜가 필요하며 실천하는 삶이 되어야 한다.

특히나 건축은 홀로 할 수 없다. 건축물이 만들어지기까지 많은 분야들의 사람들이 함께 협업한다. 설비, 토목, 조경, 구조 등 많은 분야의 사람들과 지혜를 모아 만들어진다. 그래서 건축을 종합예술이라고 하는 것이 아닐까. 아름다워야 하면서도 그 건축물 내부에 사람을 안전하고 쾌적하게 담아내야 하는 것이 건축이므로 그 건축물을 완성했을 때 우린 충분히 서로의 어깨를 토닥토닥하며 서로를 칭찬해도 좋다. 다음에 만날 더 멋진 작품을 기대하면서 말이다.

역시 별은 여럿이 모여 함께 빛날 때 더 이쁘다.

나만 힘든가

마담 아키텍트(www.madamearchitect.org)는 건축분야에서 국가, 나이, 직급, 업무를 불문하고 일명 '건축하는 여성들'을 인터뷰하는 플랫폼이다.

이 플랫폼을 만든 사람은 뉴욕에서 건축설계사무소를 운영하고 있는 줄리아 가몰리나이다.

그녀가 아홉 살 때 봤던, 배우 미셸 파이퍼가 싱글맘이자 건축사로 나오는 영화 〈어느 멋진 날(One Fine Day)〉에서 건축에 대한 관심을 가지게 되어 건축을 전공하고 현재 여러 프로젝트를 수행하는 건축사가 되었고 이러한 과정에서 느낀 것들을 공유하고자 이런 플랫폼을 만들게 되었다고 한다.

마담 아키텍트의 목표는 웹사이트 인터뷰를 읽는 사람이 누구든지 그들이 추구하는 바에 대해 응원과 지침을 얻을 수 있는 멘토를 발견하게 하는 것이다. 그리하여 또 다른 누군가가 추구하는 꿈에 대해 공감하고 응원해주기를 바라는 것이다. 올해 초 플랫폼에 〈나의 하루(A day whit)〉와 〈내가 좋아하는 것들 (Favorite thing)〉 콘텐츠가 추가됐다. 이전에 인터뷰했던 인물들을 중심으로 그들의 아카데믹과 포트폴리오적인 측면 이외에 아침운동부터 출근길, 육아, 가사, 가족, 그리고 개인적인 취향 등을 공유해 보다 현실적으로 공감가는 이야기를 이끌어내고 있으니 그 내용을 접하며 동병상련의 위로와 용기를 얻기 바란다.

* 건축에 관심이 있다면 '서울국제건축영화제(www.siaff.or.kr)'를 접해보기 바란다. 해마다 가을에 온라인과 오프라인으로 접할 수 있다.

우리 동네 집에 관심을 가지자

건축은 관심이다. 이 글의 도입부에 언급했듯이 건축은 우리 생활에 아주 깊숙이 들어와 있기 때문이다. 우선 우리집, 우리 동네에 있는 집들에게 관심을 가지자. 그 어느 하나도 같은 집이 없다. 신기하지 않은가. 대단지 아파트에도 같은 동은 하나도 없다. 마치 우리 열 손가락의 지문처럼…. 비단 우리나라뿐이랴. 해외에도 같은 집은 없다. 이렇게 다양한 집들이 현실화되기까지 여러 단계를 거치는데, 그 첫 단계가 건축설계이다.

이와 같은 건축물의 설계를 하기 위해서는 건축사가 되어야 한다. 건축사가 되는 과정은 건축학인증을 받은 대학의 건축학과(5년제)를 졸업하고 실무를 3년 거치면 건축사시험을 치를 자격이 주어진다. 건축사가 되면 이러한 집을 설계하고 허가를 취할 수 있는 전문가가 된다. 실무경력 3년이면 시험에 응시할 자격이 주어지긴 하지만 좋은 건축사가 되려면 많은 경험의 축적이 필요하고 설계에 대한 책임감과 그 집에서 살아갈 사람들과의 공감능력도 키워야 한다. 건축사의 개념과 건축주의 생활환경이 잘 어우러질 때 모두가 만족하는 건축이 된다. 그래서 건축은 매우 공학적인 '종합예술'이다.

* 서울시건축사회에서 진행하는 〈서울, 건축산책〉이라는 행사에 건축사와 함께 하는 '우리 동네 좋은집 찾기'와 '청소년 건축사진 공모전'에 도전해 보는 것도 건축을 접해보는 좋은 경험이 될 것이다. (서울건축산책.kr)

내가 할 수 있는 사회로의 작은 환원, 멘토링

내가 건축을 전공하던 시절엔 여학생이 지금처럼 많을 때가 아니었다. 물론 나의 선배들보다는 조금 늘어나는 추세였지만 사회에서 활동하고 있는 여자 선배는 정말 손으로 꼽을 정도였다. 그땐 중고등학생을 대상으로 하는 진로 멘토링이 없었는데, 내가 건축학과를 진학한 후 모교 교장선생님께서 대학 진학한 졸업생들을 각 학과별로 초청해서 후배들에게 멘토링을 하게 하셨다. 그 당시엔 멘토링이라는 단어도 생소할 시기인데 재학생 후배들에게 건축학과에서 무슨 공부를 하는지 졸업 후엔 무엇을 하는지 얘기를 해줄 수 있는 기회가 되었던 것이 아마 나의 멘토링의 시작이 아니었나 싶다.

내가 고등학교 1회 졸업생이어서 선배가 없어 아쉬웠던 것을 후배들에게 해줄 수 있어서 더 큰 보람을 느꼈고, 후에 여러 곳에서 멘토링을 하게 된 계기가 된 것이 아닌가 싶다. 멘토가 되는 건 어려운 일이 아니다. 특별한 경험이나 자격이 있어야만 할 수 있는 것도 아니다. 나의 경험을 통해 후배들의 시행착오를 줄여주고 미래를 설계할 때 따뜻한 격려가 된다면 그것으로 충분하다. 물론 약간의 지갑의 힘은 덤이다.

이 글을 읽는 여러분들도 훗날 여러분의 경험을 후배들에게 따뜻하게 전할 수 있는 멋진 멘토가 되길 바란다.

리더십, 여성리더십을 소유하라

여성리더십이라는 게 별개로 존재하지는 않지만 사회적인 요구에 의하여 구분할 필요는 있다. 특히 건축관련 업계에서는 더더욱 그럴 필요가 있다. 대학에서는 이미 건축학과에 여학생 수가 절반을 넘어서고 있다고는 하지만 아직까지 업계에는 여성이 남성보다 훨씬 적다. 하지만 적다는 것이 반드시 불리한 것만은 아니다. 한 명의 여성의 목소리가 여러 남성의 목소리보다 차별화되고 그 의견의 중요성이 돋보이게 되어 업계를 이끌어 나갈 수 있다. 아직까지는 여기저기서 '여성최초'라는 수식어가 많이 따라붙고 있다. 그러나 오히려 여성의 사회참여 인원이 적기 때문에 존재감이 더욱 부각될 수 있다는 장점도 있다. 필자도 올해 여성으로서는 최초로 서울시건축사회의 부회장이 되었다. 현재까지 여성의 지위는 이사까지였기에 부회장이 된 지금 어깨가 많이 무겁지만 향후 건축사의 더 멋진 행보를 위해서 나의 노력을 다해보자는 다짐을 해본다.

예전에 건축하는 여성 남성성이 부각되어야 살아남는다는 힘겨운 오기도 있었지만 지금은 여성 자체로도 충분히 프로페셔널하게 일을 할 수 있는 시대가 되었다.

자하 하디드(Zaha Hadid)는 건축계의 노벨상이라 일컫는 프리츠커상을 수상한 첫 여성이다. 1979년에 첫 수상자가 나온 이후 25년 만인 2004년에 수상하였으니 그동안 건축계에서 여성의 발자취는 찾아보기 어려웠다. 하지만 그 이후 다수의 여성건축사가 지명되며 이젠 더 이상 건축 일이 남성의 전유물이 아니게 되었으며, 건축하는 여성과 남성의 사회적 다양함과 필요성을 공감하는 계기가 되었다.

또한 리더십은 리더가 된다고 갑자기 생겨나지는 않는다. 잘 따라갈 줄 알아야 잘 이끌 수도 있다. 리더십이란 일방적이어서는 성장할 수 없다. 리더십은 양방향이기 때문이다. 리더십은 멘토일 때보다 멘티일 때 따라가는 사람일 때 밑거름이 되어 성장한다.

서로의 나이, 직급, 성별 등의 차이는 오히려 서로의 리더십을 이끌어주는 선한 도구가 된다. 리더십을 소유한다는 것은 나를 포함한, 나와 함께하는 이들에게 즐거운 발걸음을 선사하게 될 것이다.

함께 빛나는 별들이 되길 바란다.

건축설계

Park Soonhee

박순희

명지대학교에서 건축공학과를 졸업하고 한양대학교 건축학과에서 석사학위를 받았으며, 현재 삼우종합건축사사무소에서 소장으로 재직 중이다. 서울성모병원, 계명대학교 동산의료원, 을지대둔산병원, 칠곡경북대학교, 서울서남병원, 순천향대학교병원 외 여러 병원 프로젝트를 설계한 의료시설 전문가로 홍익대학교에서 설계 외래강사를 하였고, 의료복지건축학회 이사, 여성건축가협회 이사, 강북구 건축위원회 건축위원과 서울시공공지원센터 공공건축자문위원을 역임했다. 2011년 서울시장 표창 외 국립대병원장 등 그 외 각종 병원장 표창을 수상한 의료시설 전문가이다.

전문성을
가져라

박순희
㈜삼우종합건축사사무소 소장

건축 전문분야의 더 세분화된 전문성 을 갖춘 스페셜리스트

해맑게 아트백이 멋있어 보여서, 또는 어느 분야이든 전문적인 일을 하고 싶어서 그냥 건축과를 지망하고, 그 분야에 발을 디디며, 건축설계만이 건축의 전부인 것처럼 목숨 걸고 공부하던 시절이 있었다. 건축은 건축설계를 해야만 의미가 있는 것처럼 느끼며, 학부를 졸업하고 실무로 첫 프로젝트에 참여하게 되었다.

그렇게 나는 병원 전문 설계에 첫발을 내딛게 되었고, 지난 30여 년을 병원건축설계를 하며, 병원설계의 전문가인 메디컬 플래너(medical planner)로서 한해 한해 커리어를 쌓아갔다. 다양한 용도의 건축물이 있지만, 난 특수시설인 헬스케어 분야를 선택하였고, 그 분야에서 전문가가 되길 원했고. 더 깊은 전문성을 가진 스페셜리스트가(specialist)가 되고자 노력했다. 그동안 설계했던 30여 개의 병원 프로젝트들….

병원, 종합병원, 상급병원, 전문병원, 300병상, 500병상, 1,000병상 등 병원의 형태와 규모도 다양하였고 시대변화에 따른 사용자(의사, 간호사, 환자 등)들의 요구도 각양각색이었다. 나는 수많은 병원의 기획단계에서부터 설계, 공사지원까지 참여하여 이 분야에서는 나름대로 많은 경험과 실력을 갖추었다고 자부한다.

초기에는 뭐하는 용도의 실인지도 모르겠고, 의사들의 용어도 못 알아듣겠고, 세세한 실들이 왜 이렇게 많은지 알 수가 없고, 이렇게 다양한 많은 기능의 실로 이루어진 건축물 용도가 또 있을까? 어렵고 복잡하였다.

혹자들은 얘기할 것이다. 한 개의 용도를 깊게 파는 것보다 다양한 용도의 건축물을 설계해보는 것이 좋지 않겠냐고? 나는 생각한다. 이렇게 다양한 유저(user) 계층의 동선과 기능을 해결할 수 있는데, 무슨 용도이든 하지 못하겠냐고!

병원건축설계의 기쁨

설계는 창작이다. 무에서 유를 창조해내는…. 특히 병원건축은 사람이 가장 힘들고 어려울 때 그들에게 치유의 공간을 제공하기도 하고, 치료받는 과정을 좀 더 수월하게 해주며, 그 가족들에게는 피곤함을 덜어줄 수 있는 공간이 되기도 한다. 특히 시각을 다투거나 생명과

도 연결되는 공간이다 보니 그 어떤 공간의 설계보다 중요하다고 생각된다.

내가 느끼는 기쁨 중의 하나가 현상설계에 응모하고 당선되어, 계획한 설계안대로 실제로 지어져서 준공되어 개원하였을 때, 그 오픈식에서 테이프를 끊고 그 건물을 돌아다보는 순간에 느끼는 기쁨이다. 가끔 울컥하여 눈물을 지을 때도 있다.

그리고 그 공간에서 많은 환자들이 치유되고, 생명을 살리고, 건강을 되찾는 것을 볼 때도 큰 기쁨을 느끼며, 내가 설계한 공간에 대해 다시 한번 생각하게 되고 사명감을 느끼기도 한다. 그중에서도 고향 제주도에 제주대학교병원을 설계하고 준공 후 부모님 치료차 병원을 방문했을 때, 간호사 선생님 및 의료진들이 우리 병원은 어느 곳이든 채광이 좋고 햇빛이 잘 들어 환자들에게 희망을 주고, 치유환경이 좋다고 말씀하셨을 때 어찌나 고무되던지….

나는 새로운 병원 건물을 설계할 때마다 어떤 새로운 공간과 좋은 공간을 만들고 시도할지에 대해 고민한다. 그리고 이러한 노력이 한국의 병원 건축에 미력하나마 조금 더 발전하는(?) 환자의 치유환경에 보탬이 될 수 있으면 하는 바람이다. 그렇게 30여 년을 병원을 설계하였는데도 늘 공부하고 배워야 한다.

최근에는 코로나로 인한 감염병 전문 병원 설계로 또 새로운 병원 형태와 동선에 대해 고민하고 있다. 나는 병원설계를 전문분야로 하게 된 것에 대해 후회하지 않는다. 후배들에게 나는 넓고 넓은 다양

제주대학교병원

한 건축의 분야에서 더 전문적인 스페셜 리스트가 되라고 얘기하고 싶다.

　병원을 설계하면서 각 병원 병원장님들을 만나 인터뷰해보면 의사라는 전문직이어서 그런지 우리의 경험과 말에 더 귀 기울여주고, 우리의 전문성을 더 많이 인정해주는 것을 느낄 수 있었다.
　좀 더 자세히 병원 건축에 대해 살펴보자.

계명대동산의료원

병원건축은

1) 다른 일반건축과는 구분되어 종종 특수건축의 하나로 일컬어
지고 있다. 이 특수성은 의료체계가 가지고 있는 전문성, 다양
성, 복잡성 등에서 기인하는 것으로서, 병원건축이란 이 의료체
계라는 하나의 사회적 하부구조를 건축이라는 물리적 환경으로
바꾸는 프로세스이다.

2) 환자 중심의 기능해결에만 국한되던 최근 병원은 환자진료의
소극적 기능에서 벗어나 사용자 모두의 생활공간이 되고 있으
며, 병원 각자의 설립이념을 표방하기 위한 독자적인 아이덴티

티를 표현하고 있다. 이에 따라 병원건축의 디자인 역시 창의성 있는 조형적 형태를 통해 이미지를 개선하고 강화시키는 방향으로 발전되고 있다. 병원건축은 건축설계과정과 의료계획이 상호협력하여 미와 기능을 동시에 충족시키는 설계이다. 과거 전형적인 하얀색의 박스형 건물형태는 이제 찾아보기 힘들다.

우리 회사는 전문성을 인정하고 용도별 전문가의 시너지를 갖기 위해 스마트 주거 본부, 바이오헬스 건축설계 본부 등 전문설계 본부를 운영하고 있다. 우리 본부는 코로나 백신으로 인해 관심이 많아진 백신을 생산하는 GMP 시설을 설계하는 바이오그룹과 의료시설 전문분야인 헬스케어그룹으로 나뉘어 전문성 있고 깊이있게 설계하며 시너지를 내고 있다. 깊이있게 한 분야를 오랜 시간 설계하다보면, 예술분야의 장인과 다를 게 있을까?! 나는 비슷할 거라 생각한다. 경쟁력을 가지려거든 스페셜리스트가 되어라~!

건축설계

Cho komoonyi

조고운이

중앙대학교에서 건축공학을 전공하고, 성우건축, ㈜정림건축종합건축사사무소에서 다양한
건축물을 설계하였고, 국내 최초의 복합쇼핑몰 '경방 타임스퀘어' 설계를 총괄하였다.
이후 복합개발, 주상복합, 대규모 상업시설 설계전문가 및 PM으로 롯데자산개발에서 롯데
몰 김포공항, 롯데몰 수원, 롯데몰 은평, 롯데몰 수지, 롯데센터 하노이, 하노이 복합개발, 중
국 청두 복합개발 등을 개발하였고, 롯데백화점에서 롯데몰 송도, 상암 복합개발 등 대규모
백화점, 쇼핑몰과 복합개발사업을 수행하고 있다.

마치 오케스트라의 지휘자와 같은 건축가

조고운이
롯데백화점 신사업개발부문 PM팀 팀장

10대 후반에, 대학전공을 선택할 때 하고 싶은 일과 꿈이 명확한 사람이 몇이나 될까? 필자도 그때는 꿈보다는 현실적으로 몇 가지 대안을 놓고 고민했고, 건축을 선택하게 되었다.

사실 미술에 대한 소질과 관심이 많지 않은 것 같아서 끝까지 고민했었지만, 건축일을 하고 계시는 분의 조언 중에 '일이 항상 새롭고, 건축물이 만들어지니 성취감이 있고, 건축설계는 여성도 차별받지 않고 일을 해나갈 수 있는 전문직'이라는 말씀이 크게 작용했다.

20년 전만 해도 결혼과 육아로 많은 여성들이 일을 그만두었고, 대부분의 분야에 유리천장이 존재해서 여성이 계속 일을 해나가기 어려운 시대였다. 동등한 환경에서 일을 할 수 있는 직업을 선택하는 것이 전공을 선택하는 가장 중요한 기준이었다.

졸업하고 시작한 건축설계는 학교에서 배운 것과는 또 다른 모습과 경험의 연속이었다.

건축은 혼자서는 할 수 없는 직업이다

건축물 하나를 설계하려면 회사에서도 여러 명이 팀을 이루고, 건축주와 끊임없이 소통을 해야 하며, 여러 분야의 협력사와도 같이 일을 진행해야 한다.

최소 몇 개월에서 몇 년에 이르기까지 수많은 회의와 협력을 통해 건축물이 설계되어지는 과정이, 일을 할 때는 너무 힘들지만 설계가 완성되고 건물이 지어지고 나면 같이 해냈기 때문에 훨씬 성취감이 크고 여러 난관을 헤쳐나간 것에 뿌듯함을 느낀다.

지금도 지나가다 설계에 참여한 건물이 멀리서 보이면 조금 돌아가더라도 찾아보게 되고 앞으로도 몇십 년 동안은 사람들의 생활이 담기게 될 작품을 보며, 같이 일을 했던 사람들을 떠올리고 일의 초심을 찾고 동료들의 소중함을 새삼 깨닫는다. 사람들과 사귀고 소통하는 것을 좋아한다면 건축가는 좋은 직업 중 하나임에 틀림없다.

건축은 어렵다

적어도 7~8년, 약 10년까지는 실무를 쌓아야 건축물 하나를 온전히 설계해 나갈 수 있을 정도로 복잡하고 어려운 작업이다.

하지만 그렇기 때문에 재미있고, 세상에는 똑같은 건물이 없기 때문에 언제나 새롭고 지루할 틈이 없다. 경험이 많아질수록 더 다양한 각도에서 아이디어가 나오고 해결책을 찾을 수 있기 때문에 어려운 과제들을 풀어가는 과정이 힘들지만 성취감이 새록새록 쌓여가는 재미가 있다.

그리고 주거, 쇼핑몰, 병원, 오피스, 박물관 등 다양한 용도의 건축물을 계속 변화하고 진화하는 라이프 스타일을 담아내는 공간으로 계획하고 그 안에서 다양한 경험을 누릴 수 있도록 하기 위해 모든 일상의 경험과 생각을 소중히 하고 애정이 충만한 시선으로 삶을 바라보며 일에 대해 늘 경외감을 가지고 임하게 된다.

건축설계는 토탈 코디네이션이다

학교에서 전공수업을 들을 때는 하나씩 배워나가는 데 급급했고, 너무 많은 과목과 과제가 진행되기 때문에 건축설계를 계속 해나갈 수 있을지 늘 고민이었다.

건축은 정말 다양한 분야에서 많은 일을 할 수 있다. 스튜디오에서 작은 공간 하나하나를 세심하게 디자인하는 작가도 있다. 종합건축사무소에서 대규모 건축물을 많은 사람들과 수많은 과정을 통해 몇 년에 걸쳐 설계하면서 큰 작품을 남길 수도 있다. 부동산회사에서 마스터 플랜(Master Plan)과 개발상품을 기획할 수도 있다. CM / PM을 통해 건축설계 및 시공관리를 할 수도 있다. 이 많은 일을 하는 데 제일 밑바탕이 되는 것이 설계이다.

건축설계에서 충분한 경험을 쌓으면 그 토대를 가지고 더 많은 진로를 선택할 수 있는 길이 열린다고 생각한다. 그리고 건축물 하나를 완성하기 위해서는 건축뿐 아니라 구조, 전기, 기계, 조경, 토목, 인테리어 등 수많은 분야가 조화를 이루어야 하며, 이를 완성도 있게 정리하는 일이야말로 건축설계의 가장 중요한 부분이라고 할 수 있다.

필자는 전체를 끌고가는 지휘자로서의 건축설계를 좋아한다. 재능이 뛰어난 연주가가 많이 있어도 다양한 소리를 조화롭게 구성하여 멋진 앙상블을 만드는 오케스트라의 지휘자가 있어야 교향곡을 연주할 수 있듯이, 점점 다양해지고 어려운 기술들을 담아낼 수 있는 건축물을 창조해내는 것은 여러 분야들을 잘 조합하여 만들어가는 건축가가 있어야만 가능한 작업이다.

예술적인 능력과 소양도 중요하지만, 어렵고 복잡한 상황을 잘 정리하면서 해결해나가는 것을 좋아하고 멀티태스킹을 장점으로 가지고 있다면, 건축설계를 적극 추천한다.

구조설계

이주나

충북대학교에서 학사 및 건축구조학 석사 학위를 취득 후 구조디자인 분야로 동대학 박사학위를 취득하였다. 박사후 연수과정으로 니혼대 사이토마사오 교수를 사사(師事)하고 현재는 서울시립대학교 건축학부 공학설계전담 객원교수로 재직하며 지속적으로 구조디자인분야의 교육과 연구를 수행 중이다.

석박사 시절부터 건축과 구조 실무도 병행하여 오다가 건축 쪽으로는 건축사자격을 취득하고 구조 쪽으로는 건축구조기술사 자격을 취득하여, 2019년부터는 '㈜구조인디자인연구소'라는 벤처기업을 설립, 학교와 겸직하고 있다(www.kujoin.org). 건축디자인과 구조공학의 통합적 교육을 오랜 기간 수행해오고 있으며, 그 과정에서 저술한 《건축과 구조》,《건축공간구조이야기》는 건축학도의 필독서이다.

건축을 실현하는 구조,
그 구조를 실현하는 구조엔지니어

이주나
서울시립대학교 건축학부 공학설계전담 객원교수

건축구조, 구조엔지니어는 무엇인가

몇 년 전 아이유가 출연한 〈나의 아저씨〉라는 드라마는 건축구조기술사가 주인공으로 나와 화제가 되었다(우리 건축 관련 동네에서는⋯). 작가인 박해영 씨는 어린 시절 삼풍백화점의 붕괴사건을 보고 건축구조기술사라는 직업을 처음 알게 되었다고 했다. 그런데 그때는 119처럼 사람을 구하는 구조를 참 잘하는 '구조'기술사인 줄 알고 호기심을 가지기 시작했다고 한다. 어린 시절 구조라는 단어를 접했을 때 사람을 구조하는 일 외에 다른 일이 떠오르지 않았던 거다.

그렇다면 생각을 어른스럽게 좀 해보자. 건축물에서 구조는 뭘까? 자세한 것은 몰라도 사람들은 대략 거주하고 사용하는 건축물이 무너질 수도 있고, 형태를 유지하며 서 있어야 한다는 것을 안다. 건물이란 것이 위험할 수 있어서 그 구조가 견고하고 잘 고안되어야 한다는 것을 알고 있는 것이다.

지구에 존재하는 한, 중력에 의해 모든 물체는 아래로 떨어지려는 힘을 가지고 있으며 그 물체 중 하나인 건물에 올라타 사용하고 있는 우리 모두가 벌써 건물에는 부담이다. 바람도 강하게 불고 지진도 흔들어대니 사실 건물은 자연의 외력에 저항하며 가만히 서 있기도 힘들다.

이 모든 힘에 대한 건축의 물리적 문제를 해결하는 것이 건축구조공학이다. 그리고 이 문제를 해결하는 특화된 해결사들을 건축구조기술자라고 부르고, 그중에서 국가에서 자격을 인정하는 방법으로 건축구조기술사라는 제도가 있어 경우에 따라서는 자격을 가진 기술자의 도움을 받아야 하는 경우가 있기도 하다.

구조, 건축에서 매우 근본적인 문제

그러나 건축구조는 일부 자격을 가진 사람들만이 해결하거나 관심을 가지는 문제는 결코 아니다. 건축물을 만들 때 건축가는 건물을 구성하는 재료의 질감, 용도, 기능 등을 최초부터 고민하며 디자인하고, 기둥이 있거나, 벽을 세우거나, 혹은 좁게 하거나, 넓게 하거나 하는 물체의 배열을 활용해 공간을 구성한다. 이때 물체가 힘을 견디는 일은 대단히 명확하고 불가결한 것이기 때문에 어떠한 공간배열이든 힘의 조건에 입각하여 생각하지 않으면 안 되고, 이것이 건물의 기능

목구조+ETFE막구조(도요스 러닝스타디움)

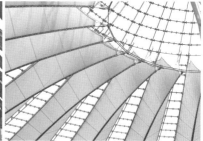
케이블+막구조(베를린 소니센터)

과 형태와 더불어 조화를 이루도록 충분히 고려되어야 한다. 그래서 그리스 시대 때부터 건축의 3대 요소는 아름다움·편리함·견고함(구조)이라고 했다.

따라서 도시나 건축을 디자인하고 건설하는 전 과정에서 건축구조는 대단히 핵심적이고 기본적인 사항이며, 대학교육에서도 저학년에서 고학년까지 필수적으로 다루어진다. 힘의 원리를 익혀야 하기 때문에 수학이나 물리로 살짝 연결되어 대단히 어려운 과목으로 인식되기도 하나, 붕괴되지 않고 서 있어야 하는 물체의 조합물을 구축해내는 건설인으로서는 분야에 관계없이 피해갈 수 없는 과목이다. 그러니 어느 분야의 종사자이든 간에 탄탄한 구조의 기본지식을 보유한 자는 건설업계에서 독보적인 인재가 된다. 건축과 건설업에 관심이 있는 학도라면 어느 순간에서든 접하게 되는 이 건축구조의 기본에 대하여 용기를 가지고 정복해 보기를 적극 추천한다(추천도서: 이

철골구조(토론토 BCE센터)　　　　　　　목구조(제천국산목재협동조합사무동)

주나,《건축과 구조》.

건축구조공학의 변화무쌍한 미래

　전문적인 구조엔지니어의 분야 또한 재료가 다변화되고 요구되는 건물의 규모가 증가하면서 공학기술의 수준이 깊어지고 있다. 바람이나 지진 등 인간이 장악할 수 없었던 불명확한 자연의 요인들도 꾸준히 연구되어 실제 거동을 예측해 가며 저항할 수 있는 건물을 설계하고 있다. 크고 작은 건물을 실제로 지을 때는 구조체의 저항의 수준을 구체적으로 판단하는 일이 반드시 따라오게 되므로 구조엔지니어의 활동 분야가 얼마나 다양할지 짐작할 수 있을 것이다.

　가장 흔하게 사용되고 있는 철근콘크리트구조는 콘크리트 안에 엿가락 같은 철근을 심어서 구조체를 만드는 것이다. 또 H자 모양으로 생긴 철재(H형강)로 집을 짓는 철골구조도 자주 볼 수 있는데, 특히 대공간이나 고층건물과 같이 큰 힘을 발휘하는 건축에 주로 쓰인다.

이러한 재료들뿐만 아니라 최근에는 만들고 타서 없어질 것 같아 보이는 나무도 공학용 목재로 관리되고 제조되면서 30층 가까운 스카이퍼나 150미터의 대공간에 사용되는 구조기술이 개발되고 있다. 탄소절감시대에 목재는 가장 탄소배출을 줄일 수 있는 주요 건축구조 자재이다. 또, 가는 철사를 재량껏 꼬아 만들면 이른바 스트랜드나 케이블이 되는데, 이 인장재는 몇 킬로미터가 넘는 교각 사이를 건너가는 다리를 지지하는 현수구조가 된다. 당김에 강한 선부재를 섬유처럼 직교해 짜면 막이 된다. 이 섬유막이나 비닐막은 그 자체로 또는 공기를 담아 외력에 저항하는 구조재가 되고, 그것이 건축물에 사용되어 그간 경험하지 못했던 공간감과 형태를 자랑한다. 케이블이나 막과 같은 인장재들은 재사용이 손쉬운 재료이므로 주목받는 친환경 재료이다. 그야말로 앞으로 건축물의 변신과 발전은 무궁무진한 것이다.

이 모든 새로운 시도와 건설산업의 발전에는 어떻게 해야 힘에 저항하며 무너지지 않을 것인가 하는 문제가 있다. 이 광범위한 문제가 구조엔지니어의 소관이고 건축디자인과 밀접하게 협력하고 해결책을 제공해야 하는 전문적인 일이다.

기본을 이해하는 일은 모든 건축관계자들에게 난이도를 문제삼기 이전에 필수적인 지식으로 요구되는 분야이다. 그리고 구조공학의 전문분야에서는 비교적 난이도가 있는 공부가 이어지기는 하지만,

쉽게 할 수 없는 분야의 독보적 전문성을 보유한 전문기술자의 길과 장래를 상상해보라. 근사하지 않은가.

언제나 실력과, 기술자로서의 자존심 그리고 업계에 대한 나의 기술의 기여를 생각하며 꾸준히 자신의 길을 가는 것이 엔지니어라고 봤을 때 건축구조 엔지니어는 충분히 보람있고 근사한 인생을 보내는 방법이 될 것이다.

기계설계

Shin Hojeon

신호전

경기공업대학교에서 전자통신공학을 전공하였고, 숭실대학교에서 전기공학 석사 및 박사 학위를 취득하였다. 발송배전기술사 자격증을 취득하였고, 현재 진행하고 있는 설계주제는 영광풍력발전소, 여주복합발전소 건설 프로젝트이며 조엔지니어링 회사에 재직하고 있다. 서울시 건축위원, 인천시 건설기술심의위원으로 활동 중이며 2020년 장관 표창을 수상하였다.

한 번뿐인 인생
거침없고 담대하게!

신호전
조엔지니어링 상무

잘하는 것과 좋아하는 것

학창시절 성향분석 테스트에서 나는 문과적 능력과 이과적 능력이 대동소이했으나 문과적 취향이 더 강했다. 그래서 당시 유행하던 솔(Soul)이나 록(Rock), 포크(Folk), 재즈(Jazz) 음악 등에 심취해 있었고 작가나 화가가 되겠다고 생각했었다. 그러나 나는 월등한 두각을 나타내는 분야가 없어서 딱히 열정을 기울일 만한 소재가 없었다. 단지 시 또는 그림으로 교내대회와 전국대회에서 몇 번 수상한 게 전부였다. 그렇게 현실성 없는 꿈과 막연한 미래에 대한 불안감 그리고 가족과의 갈등으로 항상 위태롭고 불만투성이인 시기를 지내며 또래의 친구들보다 조금 더 격동적인 질풍노도의 청소년기를 지나왔다. 그러나 인생에 대한 나의 확고한 생각은 함부로 인생을 졸렬하게 살거나 비상식적으로 살아가지 않는다는 것이다. 시골 읍장님이셨던 할아버지께서 늘 나에게 말씀하시기를 '사람은 자신을 귀하게 여겨야 한다. 그게 효도이고 사람 본연의 본분이며 성공의 밑거름이다'라고 하셨었다. 지금 생각해보니 얼마나 현명하신 말씀인지 종종 곱씹게 된다.

나는 지금껏 어떠한 난관과 한계에 부딪혀도 좌절하거나 절망하지 않고 세상과 맞서 마지막 한 방울의 힘을 짜서라도 꿈을 성취하기 위해 노력하였다. 실패는 포기하지 않으면 좌절이 아니고 경험인 것이다. 돌이켜보면 나는 좋아하는 꿈이 아닌 반대의 길에서 나름의 성공을 거두었고, 그 이유는 내가 조금 더 잘할 수 있는 것에 도전할 수 있는 기회가 주어졌기 때문인 것 같다.

한때 국민 여동생이라 불렸던 가수 아이유도 같은 일을 회고한 적이 있다. 학창시절 노래하는 것을 너무 좋아했고 슬프거나 기쁠 때 노래를 부르면 슬픔은 견딜 만했고 기쁨은 더욱 자신을 북돋아주는 힘이 되어주었다고 한다. 그러나 가수가 되어 노래하는 것이 직업이 되니 온전히 노래를 느끼고 즐길 수만은 없었고 때로는 압박으로 다가와 본인을 괴롭히기까지 했었다는 것이다. 그래서 한때는 노래를 포기할까라는 생각까지 했었다고 한다.

나는 그 말에 완전 동감한다. 내가 좋아하는 그림을 직업으로 택하여 화가의 길에 들어섰다면 나는 온전히 그림을 즐기고 좋아하고 사랑할 수 있었을까? 또한 그것이 내 인생에서 안정과 행복을 주는 경제적 수단이 될 수 있었을지도 미지수다. 창작의 한계에서 괴로워하고 생활고로 인해 갈등하며 끝까지 그림과 시를 사랑할 수 없었을 것 같다. 그래서 나는 창작의 고통을 인내하는 문인들과 화가들을, 모든 예술가들을 본질적으로 존경한다.

지금처럼 다양한 정보를 획득할 수 있는 사회적 시스템이나 조언을 해줄 수 있는 인생 선배가 없었고 시대적 파도에 휩쓸려 운명에 맡길 수밖에 없었던 때에 나는 내가 잘할 수 있는 일에 도전할 수밖에 없는 상황에 처해졌던 것이 천만다행이었다는 생각이 든다. 우연한 기회에 전기기사 자격증을 취득하면서 전기기술사의 꿈을 키우게 되고 부족한 공부를 더하고자 대학의 전기과에 진학하게 되면서 전기를 전공하게 되었다. 전기관련 공부를 하면서 그 전에는 몰랐던 사실을 알게 되었는데, 나는 예술적·문학적 능력치보다 공학적인 능력이 좀 더 나를 발전시키고 성장하게 한다는 것이다. 전기관련 자격증을 취득하면서 성취감을 맛보았고 학업이나 업무에서 맞닥뜨리는 문제를 학술적으로 해결하면서 뿌듯함을 느꼈으며 업무에서도 더욱 열정을 다해 프로젝트를 완수하게 되었다.

전력계통 해석

나는 발송배전기술사로서 발전소 및 정유 플랜트 등 대형 플랜트 건설분야에서 전기설계업무를 하고 있다. 정확히 말하면 최적의 전기설계를 위한 전력계통에 대한 공학적·기술적 해석을 하는 업무이다. 전기기술계산은 전력조류 및 고장해석 등 설계 초기단계 및 상세설계에서 전력계통에 대한 공학적 계산을 토대로 신뢰도를 확보한 안정적인 전력분야 설계나 시공을 하기 위한 백업 업무이다. 전기기술계산에서 도출한 결과에 따라 변압기, 차단기, 케이블 등을 선정하고 이것들을 적재적소에 배치할 수 있도록 결정하는 일이다.

특히 우리나라의 건설분야는 세계적으로 기술수준이나 가격경쟁력 등이 우수하여 중동, 남미, 아시아 등 개발도상국에서 뛰어난 경쟁력을 갖추고 있다. 지금까지 전기기술사로서 미국 텍사스의 삼성전자 건설, 베트남 및 필리핀 등지에서 복합발전 건설, 그리고 또 중동 여러 나라에서 정유공장이나 복합발전소 건설 등 많은 경험을 하였다.

대우건설과 함께 수행한 아랍에미리트(UAE)의 IRP라는 정유공장을 건설할 당시의 에피소드이다. 아부다비 외곽의 정유공장 건설이 막바지에 이른 어느 여름, 전력설비의 보호계전기 안정화 작업을 위해 건설현장을 방문했다. 이슬람 라마단 기간으로 일출에서 일몰까지 현지인들은 대부분 단식과 휴업을 하였다. 한낮의 온도는 심하면 50도를 육박하는 날도 있어서 낮에는 일을 중단하고 새벽과 늦은 오후를 틈타 모두가 힘들게 업무를 수행하고 있었다.

이런 어려운 상황 중에 현지 감독관의 잘못으로 예정했던 업무 스케줄이 지연되는 처지에 놓였다. 지연시간이 길어질수록 물어야 하는 지연배상금은 어마어마한 금액으로 늘어 막대한 손해를 끼치게 되었다. 비치해둔 예비품도 없고 재제작을 해도 시일이 많이 걸려서 예정됐던 스케줄을 맞출 수가 없었다. 자동차로 7시간을 달려가 현지 공구상가에서 제품을 구매하였으나 사용가능 여부는 판단할 수 없었다. 우리 팀에서 프로그래밍 및 기술계산을 통한 제품사용의 허용가능성을 공학적으로 해석하여 승인함으로써 재설치 후 테스트를 완료하여 예정 스케줄을 완료할 수 있었다.

중동지역은 여성이 거리에서 함부로 돌아다닐 수 없으며 사회적 참여는 매우 제한적인 지역이다. 그래서 현지의 모든 사람들은 여성인 나에 대해서 호기심과 흥미로움 가득한 눈으로 지켜보았고, 어려운 문제를 해결한 것에 대해 놀라움과 찬사를 보냈다.

업무에 여성이 참여한 것은 거의 드문 일이다. 더욱이 전기기술사로서는 첫 도전이었다. 그러나 나는 오히려 그것이 기회라고 생각하고 처음 업무를 시작했을 때 어떤 업무도 가리지 않고 도전하였다. 모르는 것은 선배들께 조언을 구하고 필요시 학회 및 관련 세미나에 부지런히 참석하였으며 업무에 관련한 지식을 배울 수 있는 곳이면 시간과 장소를 불문하고 달려갔다. 하기 싫은 일, 자신 없는 일 등 제한적인 생각은 단 한 번도 하지 않고 모든 것을 배우고 습득하였다. 지금은 관련 분야에서 나에 대한 업무능력을 의심하는 사람은 거의 없다. 또한 전력계통이 대규모화되고 다양한 학문과 융합된 제품과 프로젝트가 개발되면서 더욱 더 필요한 기술이고 업무가 되고 있다.

결혼 전 공무원이었던 나는 출산과 동시에 퇴사를 하였고 사회에 다시 재취업하리라고는 생각하지 못했다. 전기기사를 취득하면서 나의 인생은 끝없이 도전하고 공부하는 삶으로 바뀌었다. 그것도 문과 출신인 나에게는 완전히 생소한 전기공학으로 도전하기란 여간 어려운 일이 아니었다. 학문적 부족함뿐만 아니라 현장에서의 경험도 전무한 38세의 늦은 나이에 기술사 공부를 시작하게 된 나는 '여성이니까, 나이가 많으니까, 공학은 모르니까' 등등의 이런 생각은 한 번도 가져본 적이 없다. 그냥 목표한 것을 취득할 때까지 자격증 공부와 학업을 병행하였고, 성별, 나이 등의 편견을 깨고 모든 전기분야 업무에 도전하였다.

내가 전기공학이라는 학업과 업무를 병행하면서 마음에 새겼던 생각과 태도는 '항상 처음인 것처럼 편견없이 임하자'라는 것이다. 처음 남자들의 영역이라는 플랜트 전기분야에서 나름의 자리매김을 하기까지 나의 원동력은 성실과 편견없는 업무수행이었다. 또 선배로서 신입 후배에 대한 평가의 잣대 또한 일을 잘하고 못하고를 구분하지 않고 모든 일에 열심히 임하는 것이다. 이런 열정적인 업무 경험이 쌓이면 탁월한 능력을 지닌 전문가로 성장할 수 있기 때문이다.

독립 영웅 김구 선생님께서 "어디든 함부로 걷지 마라, 뒷사람의 지표가 되리니"라는 말씀을 하셨다. 나에게 깊은 무게감으로 다가오는 말이다. 여성으로서 남자들의 성역이였던 공학분야에서 전문가로

거듭나기란 쉬운 일이 아니다. 나는 김구 선생님의 말씀처럼 함부로
행동하지 않고 모든 일에 열정으로 임하려 애썼다. 여성공학 후배들
에게도 가끔 경험과 노하우를 전달하며 의도치 않게 멘토 역할을 하
기도 한다. 나는 지금껏 모험을 마다하지 않았고, 당면한 어떠한 업
무도 열정으로 임하려 노력하였다. 자신이 선택한 분야에서 편견 없
는 도전과 열정으로 노력한다면 성공과 성취감은 저절로 따라올 것
이다.

기계설계

Park Bo Kyung

박보경

서울과학기술대학교에서 건축학을 전공하고 건축환경 설비공학 석사학위를 취득하였으며, 현재 경희대학교 대학원 기계공학 박사과정에 재학 중이다. ㈜하나기연에서 약 28년간 근무하였으며, 현재 ㈜비전이엔지 기술사사무소에서 대표이사로 재직 중이다. 현재 세종특별자치시 건설기술심의위원, 한국설비기술협회 편집위원, 대한설비설계협회 사업이사, 서울시설공단 심의위원, 대한설비공학회 부회장, 대한설비공학회 여성설비위원회 위원장으로 활동 중이며, 2017년 국토부장관 표창을 받았다.

설비가 있고, 기다리는 일이 있어
행복한 아침!

박보경
㈜비전이엔지 기술사사무소 대표

가지 않은 길

시를 한 번 읽지 않고 지나온 십대가 몇 명이나 될까? 진학을 고민할 때는 국문과, 미대 등 이런저런 미래를 꿈꾸었지만 막상 진학을 한 곳은 그 시대에 어울리지 않는 건축과였고, 졸업을 할 때의 상황은 더 이상한 길로 접어들었다. 건축설비설계사무실, 그 출발점에서는 별다른 고민도 망설임도 없이 시작을 한 것이지만 설비라는 것에 대해 정확한 지식도 없었다. 설비설계는 '건물의 기능을 더 높이기 위해 설비를 설계하는 것'이라고 사전에 해설되어 있다. 다시 말해 건축물에 들어가는 냉방, 난방, 환기, 위생, 소방을 통틀어서 설비설계라고 하는 것이고, 우리 신체로 비교하면 혈액과 산소를 공급하는 신경망이라 할 수 있다. 생활수준이 높아지면서 고객이 원하는 쾌적한 공기 질의 설비환경과 장수명을 고려한 호환성, 안전하고 편리한 사용에 지속가능한 에너지를 더한 친환경, 제로 에너지를 추구하는 등 설비는 다양한 형태로 발전되고 있다. 건축설비설계가 무엇인지 알게 되었을 때는 시간이 한참 지나서 경력이 쌓인 후였다. 그렇지만 여자가 현장에 나가면 철근이 휜다고 당당하게 거절을 받던 시간을 통과하면서 결혼을 하고, 출산을 하고, 육아의 힘든 언덕을 몇 고개씩 넘어서고 났을 때는 경력이 쌓이고 불혹을 넘어선 내가 되어 있었고 세상을 보는 눈이 조금씩 넓어져 있었다. 그 중간에 설계라는 것에 염증이나 싫증이 났다면 오늘의 나는 없었을 것이다.

누군가는 묻는다. 건축을 전공하고 어떻게 설비를 하게 되었냐고. 그럼 나는 대답한다. '설비 교수님과 친해서'라고. 그렇게 농담처럼 대답하지만 각각의 공간에 적합한 환경을 만드는 설비, 다양한 형태의 에너지가 움직이는 설비설계가 그만큼 재미있는 일이기 때문이었을 것이다. 그러나 가끔 내게 묻는다. 설비를 하지 않았으면 어떻게 되었을까? 늘 마음 한구석에 남아 있는 '가지 않은 길'은 무엇이었을까 하고.

목젖이 뜨거웠던 하루

설비는 늘 바쁘다. 건축과는 달리 업무의 영역이 건축의 한 부분이기 때문에 건축설계가 프로젝트 하나를 진행할 동안 몇 개의 프로젝트가 동시에 진행되는 것이 설계설비의 특성이고 설비가 생활로 연결되는 경제의 원리이다. 하나의 프로젝트에서 각 분야별로 주어진 일에 최선을 다하고 새로운 시스템에 흥분하며 열정을 쏟아내던 날들이 대부분이지만 아쉬움과 답답함으로 목젖이 뜨거워지던 날도 있다. 같은 프로젝트를 함께 했음에도 불구하고 설비라는 이름이 새겨지지 못하는 것과 분리발주가 되지 않는 현실로 인해 제대로 인정받지 못하는 낮은 설계비. 그런 이유와 무관하지 않게 설비설계를 그만두거나 후배들의 영역이 점점 좁아지고 있다는 현실을 대할 때가 그렇다.

다행히 '기계설비법'이 2020년에 공포되었다. 분리발주가 법제화되기까지 아직은 풀어야 할 숙제들이 많이 남아 있지만 실망하기에는 이르다. 설비를 하는 후배들에게 전하고 싶다. '천 리 길도 한 걸음부터'라는 말처럼 시작을 하였으니 힘내서 더 희망차게 함께 가보자고. '백지장도 맞들면 낫다'고 하지 않던가!

새로운 도전

스물 하고도 넷이던 해에 설비설계사무실에 입사를 해서 쉰이 갓 넘은 나이에 퇴사를 하였다. 약 5년간 진행하던 '덩치 큰' 프로젝트를 끝냈을 때 '에베레스트'를 넘어온 것 같은 뿌듯함과 함께 찾아온 무기력. 그 지친 시간이 지나자 이제 또 다른 길을 걸어보고 싶어졌다. 설계를 하기에는 손도 느려지고 눈도 어두워진 50의 고개에서 '여기서 멈춰야 할까'라는 생각과 '가지 않은 길'에 대한 열망이 슬며시 고개를 들었다. 느린 마을을 지나치는 것 같은 1년여의 시간, 그 끝에 약 28년간 근무를 하던 회사를 졸업하였다. 그리고 현 근무지인 ㈜비전 이엔지 기술사사무소의 대표이사로 설계사무실의 경영자가 되었다. 내게는 또 다른 시작이었고 새로운 도전의 길이기도 했다. '출근하고 싶은 회사 만들기'를 모토(motto)로 더 넓고 다양한 세상을 향해 돛을 올렸다. 경영은 '사람들을 성장하게 도와주고, 책임감을 부여하며 성취에 대한 안정감을 느끼게 해줄 수 있다는 점에서 고귀한 직업'이 라는 말에 용기를 가지며 두려움을 동반한 설렘으로 활기차고 더 넓은 곳의 항해를 기대해 본다.

시가 있는 아침

새로운 길   윤동주

내를 건너서 숲으로
고개를 넘어서 마을로
어제도 가고 오늘도 갈
나의 길 새로운 길
··· 중략 ···

오늘도 내일도
내를 건너서 숲으로
고개를 넘어서 마을로

미디어의 세상. 오전 6시에 나는 문자와 카톡으로 가족과 지인들에게 한 편의 시나 짧은 글 한마디로 아침인사를 건넨다. '성공은 매일 반복하는 작은 노력들의 합이다' 라고 했던가? 특별난 재주 없이 내가 오늘 아침도 세상에 말을 거는 것은 나의 또 다른 즐거움이고 '가지 않은 길'에 대한 아쉬움과 희망을 전하는 또 다른 감사의 인사이다. 누군가는 얘기를 한다. 오전 6시에 울리는 나의 아침소식은 기상의 알람이고, 출근하는 시작이고, 잘 지내고 있다는 안부의 소리이며, 모임을 연속하게 하는 또 다른 힘이라고. 아침소식을 만들기 위해 꽃을 찍고 풍경을 찍으며 잊고 있었던 시들을 찾아내고 가끔은 지하철 스크린 도어에서도 새로운 시간도 읽는다. 일을 하는 즐거움과 보람 속에서 하루를 시작하는 한 편의 시는 내게, 우리에게 바쁜 일상에 잠시 가져보는 휴식이고 또한 즐거운 힐링이다. 어떻게 매일 일만 하겠는가? 바쁜 틈 사이에 한 편의 시를 읽는 여유를 가진 여성 동료, 후배 건설인을 기대한다.

전문직 여성이 되는 길

'탁월한 성취 뒤에는 언제나 끈덕지게 버티는 힘이 숨어 있는 법. 버텨라. 끝내 버티면 이긴다'는 말은 앤드류 매튜스의 동기부여를 하게 해 주는 말이다. '끈기를 대신할 것은 아무 것도 없다'라고 했다. 힘들지 않은 일은 없다. 어디서 무엇을 하든 '견디어내는 힘, 도전하는 노력, 책을 읽는 오늘'이 새로운 나, 전문성을 가진 '우리'를 만들어 낼 것이다. 오늘이 힘들다면 지금 발전하고 있으며 조금씩 앞으로 나가고 있는 것이라고 했다. 코로나로 힘겨운 시간을 보내고 오늘을 맞은 우리 모두에게 힘찬 '응원과 찬사의 박수'를 보낸다. 더욱 새로워질 우리 모두를 위하여 '화이팅'!!!

토목설계

임소영

서울과학기술대학교에서 토목공학을 전공하고 서울과학기술대학교에서 공학석사 및 공학
박사 학위를 취득하였다. ㈜유성종합건설에서 대표이사로 15년 재직한 후 토목시공기술사
자격증을 취득하였고, 기술사업평가전문가로 자격인증을 받았다. 현재 진행하고 있는 연구
주제는 스마트건설기술이며 서일대학교 건설시스템공학과에 재직하고 있다. 국토교통부
중앙건설심의위원, 국방부 특별건설기술심의위원, 행안부 재해영향성평가위원, LH 건설
기술심의위원, 서울시 신기술심의위원, 경기도 건설기술심의위원으로 활동 중이며 2017년
미래창조과학부장관상, 2021년 국토교통과학기술진흥원 여성기술인상을 수상하였다.

토목기술인이라는
직업

임소영
서일대학교 건설시스템공학과 교수

토목공학과의 만남

필자는 1994년 토목공학과라는 전공을 선택하고 2022년 지금까지 토목공학이라는 학문과 함께하고 있다. 원대한 꿈을 가지고 선택한 전공은 아니었지만, 지금 필자가 토목공학이란 학문에서 느끼는 만족감은 그 어떤 학문이나 직업하고도 바꿀 수 없다고 감히 말할 수 있다.

대학을 졸업하고 처음 나간 곳은 우리가 마시는 상수도를 도심지 땅속에 관로로 매설하는 현장이었다. 학교에서 배운 토질역학, 구조역학, 상수도공학, 건설시공학 등 많은 학문분야에서 사용하는 용어가 현장에서 사용하는 용어와 많이 다름에 당황했던 기억이 지금도 생생하다.

남들과는 다르게 종합건설과 전문건설 회사를 직접 대표이사의 이력으로 15년을 해왔던 것은 필자가 지금의 이력으로 활동하는 데 가장 큰 자산이 되었다. 건설시공학 수업을 들으며 필자가 가장 크게 관심을 가진 분야는 터널에서의 나틈공법(NATM)이었다. 터널 공법에 매력을 느꼈던 것은 아마 그때만 해도 터널현장이 금녀의 공간이었기 때문일 것이다. 남자 동기들이 터널현장 견학을 가는 모습을 보면서 '나도 가고 싶다.'는 마음은 있었지만 여성이라는 이유로 터널이 붕괴(?)된다는 미신 때문에 거절당하며 오기가 생겼던 것 같다. 1999년 한국도로공사에 처음으로 여성감독이 입사하면서 현장에 있던 친구의 연락을 받고 가게 된 터널현장은 발파로 인해 탁한 공기가 가득했고 어두컴컴했다. 그럼에도 기회가 되면 현장에 방문하고 터널이 완성되어가는 공정을 내 눈에 담고자 노력했다. 지금도 그때의 기억만은 어제의 일처럼 또렷하다.

나와 같은 길을 선택한 당신에게

현재 필자의 직업은 대학에서 토목공학을 전공하는 학생들에게 학문을 전달하는 교수라는 직업이다. 2011년 나는 토목시공기술사라는 자격을 취득하기 위해 몇 년간 공부하고 마지막 관문인 면접을 남겨두고 있었다. 현장에서의 경험이 내 자산이라는 자부심은 면접위원분들의 폭풍 질문 앞에서 고전을 면치 못했다. 그래서 나는 지금도 끊임없이 새로운 공법과 신기술들을 공부하고 스마트건설 기술이라는 분야를 연구하고 있다. 대한민국에서 열 번째 토목분야 여성기술사라

GTX A (시공사: DL ENC) TBM 시공현장 견학

는 그 무게가 늘 감사하면서도 부담되는 이유일 것이다.

　지금 학령인구의 감소와 대학 정원의 미스매치로 인해 대학은 위기를 겪고 있다. 그중에서도 그 폭풍의 한가운데 위태롭게 있는 학과를 혹자들은 토목공학, 건축공학이라고 말한다. 나는 이에 대한 반론을 해보고자 한다. 인류의 역사와 함께한 학문이 토목공학 건설분야라는 것을 모르는 사람은 없을 것이다. 인류의 생활과 함께한 직접적인 토목은 사회인프라, 사회간접자본(SOC)사업이라고 불린다. 우리 인류가 존재하는 이상 사회인프라 건설은 계속 발전되어 나갈 것이다. 이 글을 읽고 있는 당신의 생활에서 이야기해보겠다. 당신이 휴식을 취하는 당신의 집, 그 집에서 나오면서 마주하는 길, 당신이 목적지를 향해 이동하는 지하철, 버스가 이동하는 도로, 교통수단이 이동하는 터널과 교량, 당신의 생존에 꼭 필요한 물을 처리하는 상하수도 등 당신이 의식하지 못하는 그 모든 것에 토목이 함께하고 있음을 알게 되었을 것이다.

필자의 전공분야는 토목의 다양한 분야 중에서도 건설사업관리 스마트건설이라고 할 수 있다. 전통적인 학문인 토목공학이 첨단기술과 만나서 지속적으로 발전하고 있다. 4차 산업혁명시대와 토목공학에서 빠질 수 없는 스마트건설 기술은 드론, 레이저스캐너, 로봇, AI, 3D 프린팅 등을 활용해 건설현장을 관리하고 있다. 드론을 통한 활용은 조감도 및 영상 촬영보다 시공기록, 토공물량 산출, 공사계획 수립 등 다양하게 활용된다. 이제 토목은 타 분야와의 협업을 통해 더 빠르게 변화하고 발전할 것이다.

빠르게 변화하는 세계화·도시화·노령화는 인류가 직면한 과제이며 풀어가야 할 숙제이다. 삶의 질과 복지에 대한 요구가 높아지고 사회인프라 시설에 대한 요구도 더욱 더 커질 것이다. 현재까지의 건설산업은 SOC, 사회인프라의 수요에 힘입어 지속적인 성장을 이루어왔다. 세계적인 건축물 및 사회인프라 시설물이 대한민국의 기술에 의해 완성되고 높은 평가를 받고 있다. 앞서 언급한 세계화에서 인류가 공통으로 가지게 된 이상기후, 물부족 등과 같은 환경적인 재해는 토목공학 분야와도 밀접하게 관련되어 있다. 다양한 분야의 전문가들이 인류가 처한 상황을 슬기롭게 풀어나가기 위해 긴밀하게 협조하고 있는 것이다.

진접선 차량기지 (시공사 : KCC건설) NATM 시공현장 견학

변화하는 토목공학

토목공학을 전공하는 학생들이 필자에게 물어보는 질문은 늘 똑같다. 워라밸(work-life-balance) 즉, 일과 개인의 삶 사이의 균형을 조화롭게 할 수 있는 직업인가에 대한 질문이다. 1990년대 중반부터 사회생활을 시작한 필자뿐만 아니라 그 이전에 건설산업에 종사한 분들에게는 조금은 당황하게 되는 질문이다. 현대사회의 하나의 패러다임으로 평가받는 일과 삶의 균형을 보장하는 주 52시간 근무제가 건설산업에 가능한가에 대한 사회적 고민은 지금도 계속되고 있다. 건설환경공학, 건설시스템공학, 사회환경시스템공학, 사회기반시스템공학, 건설융합학부 등 다양한 학과명으로 변화하고 있는 토목공학은 도로, 항만, 공항, 터널, 철도, 댐, 상하수도 시설 등 사회 기반이 되는 구조물을 만들기 위한 토목 계획과 설계, 토목 측량과 구조해석, 토목시공, 토목시설물의 유지관리와 운용방법 등을 배우는 학

문이라 정의되어 있으며, 사람이 편리하고 쾌적하게 살 수 있는 공간과 기반을 만들 수 있는 인재를 양성하는 목적으로 설립된 학과라고 소개되고 있다. 인류와 함께한 학문이라고 앞서 말했듯이 본 학문을 전공하게 되면 다른 분야보다 다양한 분야의 직업을 선택할 수 있다. 단순하게 계획-설계-시공-유지보수라는 단계별 직업 안에서 본인의 적성에 맞는 직업을 선택하게 되는 것이다.

환영합니다! 여성기술인 여러분

최근 필자가 학생들과 함께 국책사업인 GTX(great train express) A 현장을 다녀왔다. 현장 관계자분들은 견학에 참여한 31명의 전체 학생 중 열 명의 여학생 숫자에 놀랐고, 학생들은 수도권광역급행철도사업의 설명과 지하공간의 작업현장을 보며 토목기술인이라는 자부심을 가지게 되었다고 하였다. 토목공학과 관련된 학과에서 여학생의 비중은 계속 증가하고 있다. 소수의 여성 기술인들이 현장에서 열심히 자신의 일을 수행하고 있듯이 그 숫자는 계속 늘어날 것이다. 이 짧은 글을 통해 건설분야 그중에서도 토목공학을 전부 이해하기는 어려울 것이다. 하지만 여러분의 미래를 설계하면서 사회기반시설을 만들고 유지·관리하는 크나큰 사명감을 가질 수 있는 이 학문과 직업을 소개할 수 있어서 필자는 영광으로 생각한다.

조경설계

Park Ki Sook

박기숙

단국대학교에서 관상원예학을 전공하고, 한양대학교 환경대학원 조경학 석사학위를 취득한 후 단국대학교에서 환경원예·조경학 박사과정을 수료하고 학위논문 준비 중이다. 1990년 원일조경설계실 근무, 1996년 종합건설엔지니어링 ㈜이산 입사 후 현재까지 국토본부 조경부 부사장으로 재직 중이다. 환경분야 자연환경관리기술사 및 국토개발분야 조경기술사 자격증을 취득하였으며 환경부 스마트그린도시, 생태복원사업, World Bank ODA(공적개발원조)그린인프라 관련 프로젝트를 수행하고 있다. ㈔한국조경협회 부회장 및 여성위원장, 자연환경관리기술사회 부회장을 역임했으며, 현재 ㈔생태복원협회 부회장, 한국하천협회 여성위원장, ㈔한국환경복원기술학회 상임이사, ㈔한국조경협회 자문위원으로 활동 중이다.

환경조경의
이름으로

박기숙

㈜이산 부사장
조경기술사/자연환경기술사

자연환경을 다루는 전문분야

요즘 SNS에서 핫한 장소 중에는 가보고 싶은 맛집도 있지만 의외로 많은 사람이 좋은 경관에 '좋아요', '구독'을 누르며 열광한다. 이처럼 '좋아요'가 쏟아지는 좋은 경관은 누가 만들까?

아름다운 경관은 자연 그대로의 작품이기도 하지만 도시에서 마주치는 멋진 경관은 우리 한국여성건설인협회 회원들이 속해 있는 각 분야의 협업을 통해서 만드는 작품이기도 하다. 특히 조경은 도시환경 중에서도 유일하게 자연환경을 다루는 분야다.

조경의 영역

서울대 환경대학원 환경조경학전공 홈페이지에서는 '조경 전공은 공원녹지 및 도시 오픈스페이스 계획과 설계에서부터, 낙후지역의 재생, 재식설계 및 단지설계, 여가 및 레크리에이션 계획과 설계, 생태적 계획과 광역조경계획, 경관 및 시각자원의 관리, 지리정보체계 및 원격 탐사까지 광범위한 분야를 관심대상으로 하고 있다'고 설명하고 있다(https://gses.snu.ac.kr/academics/master-courses). 조경진흥법에서는 조경을 "토지나 시설물을 대상으로 인문학적·과학적 지식을 응용하여 경관을 생태적·기능적·심미적으로 조성하기 위하여 계획·설계·시공·관리하는 것"이라고 정의하고 있다. 법적 정의를 보니 더 어려워지는 느낌이다. 그러나 한편으로 조경은 너무나 쉽게 설명되기도 한다. 프랑스 베르사유궁전의 정원이나 영국 런던의 하이드파크, 미국 뉴욕의 센트럴파크, 홍콩의 오션파크, 호주의 블루마운틴국립공원 등 우리가 해외여행에서 방문하는 유명 관광지 가운데 어느 한 곳도 조경가의 손길이 닿지 않은 장소가 없다. 그러니 조경가의 활동 범위는 인간이 생활하는 도시환경부터 온 지구상의 자연

환경까지 전부 아우른다고 볼 수 있다. 나아가 인류의 생존이 달린 기후변화에 대응하는 일까지 조경에 포함된다.

조경가로서의 사명

파리기후협정(Paris Agreement 2021,1)이 발효되면서 전 세계가 지구의 평균온도 상승을 산업혁명 이전 대비 2℃ 이내(가급적 1.5℃ 이내)로 줄이고자 하는 공동의 목표를 갖게 되었다. 이에 우리나라 또한 2050년을 목표로 온실가스 순배출제로(Net-zero)의 탄소중립을 향한 국가 비전을 선포하면서 요즘 기업경영의 커다란 화두로 떠오른 ESG 역시 환경조경분야를 빼고 생각할 수 없다. ESG는 환경(Environment), 사회(Social), 지배구조(Governance)의 영문 첫 글자를 조합한 용어로, 기업경영에서 지속가능성(Sustainability)을 달성하기 위한 세 가지 핵심 요소다. 이 중 '환경'분야는 기후위기시대를 살아가는 우리가 도달해야 할 목표인 탄소중립(Net-zero)과 떼려야 뗄 수 없는 키워드다. 한 예로, 환경부가 탄소중립을 실현하기 위한 프로젝트로 추진하고 있는 '스마트 그린도시 사업', '탄소흡수원 조성' 등 생물다양성협약(Convention on Biological Diversity, CBD) 이행을 위한 프로젝트에 환경분야의 사명감을 갖고 일해야 하는 직업이다.

기술직으로서의 성취감과 직업으로서의 확장성

기술직인 나의 연봉은 끊임없이 자기계발을 한 결과 1990년대에 비해 약 33배의 차이가 난다. 맞벌이 부부인 나는 주말이면 어린 아들 둘을 맡기고 기술사스터디를 하며 자연환경관리기술사 자격증과 조경기술사 자격증을 취득했다. 그때 엄마를 찾던 아이들은 이제 엄마가 하는 일을 응원해 준다. 조경진흥법에서 정의하는 대로만 구별해도 조경계획전문가, 설계전문가, 시공전문가, 관리전문가 등으로 나뉜다. 개인의 성향에 따라 분야의 선택의 폭이 넓다. 특정 분야를 선택했다 하더라도 대상지에 따라서 관광지, 테마공원, 골프코스, 레지던스(아파트 등 주거공간), 생태복원, 경관, 스트리트 퍼니처 디자인 등으로 다양하게 나뉜다. 30여 년을 일해도 매번 새롭게 느껴진다. 때로는 기획, 마케팅 분야에서도 조경이 일정 부분 관여하는 등 조경가가 일할 수 있는 분야는 매우 다양하다.

환경조경의 세계로

자연과 함께하는 것을 좋아하는가? 멋진 도시를 좋아하는가? 그렇다면 환경조경 전공을 추천한다. 전 세계의 자연환경이, 전 세계의 도시가 여러분을 기다린다. 환경조경의 이름으로 해야 할 일들이 여러분을 기다리고 있다. 이 멋진 세계로 차세대 조경 리더들을 초대한다.

Section 04

건설 컨설팅분야
멘토들의 이야기

6 자산운용

Pyon JeEun

변지은

동국대학교에서 건축학을 전공하고 오씨에스(OCS)도시건축사사무소에서 도시설계 실무를 거친 후, 서울대학교 환경대학원 환경계획학과 석사학위를 취득하였다. 졸업 후 캐나다에 본사를 둔 리어바니스트(Reurbanist)의 서울지사에서 상업시설 컨설팅 업무를 담당하였으며, 글로벌 상업용 부동산 서비스 회사인 CBRE Korea에 입사해 리테일 부문 임대컨설팅 업무를 수행하였다. 올해 초까지 상업시설을 전문적으로 개발하는 디벨로퍼회사인 시너지타워를 거쳐, 현재는 GRE파트너스자산운용에서 부동산 투자 및 펀드운용 업무를 맡고 있다.

꿈의 터닝포인트,
새로운 도전이 이끄는 삶

변지은
GRE파트너스자산운용㈜ 차장

"Where there is a will, there is a way"라는 유명한 경구가 있다. 뜻이 있는 곳에 길이 있다는 뜻인데 20대 시절 인생의 좌우명이었다. 그로부터 20년이 흐른 지금 지난 삶을 돌이켜보니, 포기하지 않고 부단히 주어진 길을 가다보니 뜻이 생긴 것 같다. 대학 전공에서부터 현재의 직업을 갖게 되기까지, 인생에 중요한 선택과 터닝포인트들의 연속이었다. 세상은 넓고 할 일은 많듯이, 계속해서 도전하고 새로운 꿈을 가지며 살고 있는 중이다. 그 여정을 소개하고자 하며, 독자분들이 꿈을 찾는 데 조금이나마 보탬이 되길 바란다.

꿈이 없던 시절, 건축학도가 되다

고등학생 시절 앞으로 무엇을 하고 싶은지 꿈이 없었던 것 같다.

의대나 법대에 갈 정도로 공부를 탁월하게 잘한 것도 아니었고, 예체능은 재미있었으나 재능이 뛰어나진 않았다. 당시 이과생이었는데 그래도 수학만큼은 잘했고 좋아했다. 고3 때 수능을 치르고 아버지의 권유로 지방 국립대 컴퓨터공학과에 지원하여 장학생으로 입학했다. 입학 후 첫 한두 달을 전공수업으로 컴퓨터 프로그래밍(C++, Java Script 등)을 열심히 배웠다. 그러다 문득 이 길은 내 꿈이 아닌 것 같단 생각이 들었다. 때마침 주변에서 재수를 하는 친구들 소식을 듣게 되었고, 나도 다시 한번 대학입시에 도전해보고 싶었다. 부모님을 설득해 수능을 다시 치르고, 지난번 입시 때 떨어졌던 서울에 위치한 공과대학에 합격하게 되었다. 드디어 바라던 서울에서의 대학생활이 시작된 것이다.

처음으로 부모님과 떨어져 살았기에 두려울 법도 한데, 새로움에 대한 기대로 설레었다. 1학년 때는 공과대학 공통수업을 들었고, 2학년이 되면서 총 7개 학과(건축시공·토목·건축학·기계·전자전기·화학공학·산업시스템) 중 전공을 선택하게 된다. 경쟁률이 치열한 학과는 성적순으로 뽑았는데 그 당시 전자전기가 가장 높았다. 음악을 좋아했던 나는 대학에 입학하자마자 록밴드 동아리에 가입했다. 동아리에 드럼을 치던 건축학과 선배가 있었는데, 그 선배를 따라 설계스튜디오를 방문한 적이 있었다. 벽이 없는 커다란 공간 안에서 전 학년이 모여 설계를 하고 있는데 그 광경이 얼마나 멋있던지, 주저 없이 건축학과에 지원했다. 그렇게 건축학도가 되었고 선후배들과 수

많은 밤을 스튜디오에서 지새우며 설계를 했다. 고되지만 즐거운 시간들이었다. 반면 이런 삶이 적성에 맞지 않은 학우들도 있었는데, 그런 학우들은 3학년 때 전과를 하거나 복수전공을 해서 졸업 후 다른 분야로 가기도 했다. 반대로 건축가를 꿈꾸며 전과를 하거나 편입해 오는 학우들도 있었다. 나는 건축이 적성에 너무 잘 맞았고, 열정 넘치는 건축학도로서 방학 때면 건축의 거장 르코르뷔지에(Le Corbusier)의 건축물을 보기 위해 프랑스에 가기도 하고, 각종 워크숍 및 공모전에 참가하거나 유명 설계사무소에서 건축모형을 만드는 아르바이트를 하곤 했다.

건축을 정말 좋아하는 학우들은 한 번쯤 해외유학에 대한 꿈을 가진다. 학과에서 보고 배운 건축물들이 세계 각지에 지어져 있기도 했지만, 각자 가슴에 품고 있는 존경하는 건축가 또한 세계적으로 유명한 거장들이었다. 유학을 가서 졸업 후 책에서만 봤던 그 유명한 건축가의 사무실에서 일을 한다는 것은 실로 엄청나게 멋진 일이라고 생각했다. 필자도 예외는 아니었다. 졸업 후 유학을 떠나 외국 현지에서 건축가가 되자는 꿈을 가지게 되었다.

건축에서 도시로

대학교 4학년 시절, 미국에서 도시설계(Urban Design)를 공부하고 오신 교수님이 새로 부임하셨다. 당시 새로운 분야에 대한 호기심에 교수님 수업을 듣게 되었는데, 이전까지 바라보던 건축에 대한 시각이 완전히 바뀌는 터닝포인트가 되었다. 그 전까진 건축이 가장 주요한 중심이었는데, 이후부터는 도시적인 맥락에서 건축을 바라보게 되었고 조경(landscape)과 오픈스페이스(open space)가 도시와 건축에서 얼마나 중요한 역할을 하는지 깨닫게 되었다. 그 배움은 현재 업무를 하면서도 주요한 영향을 미치고 있다.

대학 졸업 후, 유학자금도 모으고 실무도 경험할 겸 일을 해보기로 했다. 당시 건축보다 도시설계에 관심이 많았기에 뜻이 있는 곳에 길이 있었는지, 새로 창립한 도시설계 전문회사인 오씨에스(OCS)도시건축사사무소에서 일을 시작하게 되었다. 그 시절 행정수도 이전을 비롯하여 전국적으로 신도시 개발수립이 한창이었는데, OCS에서 일하면서 행정중심복합도시(현 세종특별자치시), 충북혁신도시, 검단신도시, 위례신도시, 오산신도시 등 신도시개발계획, 지구단위계획, 도시경관계획, 생활권마스터플랜 등 굵직한 프로젝트에 참여할 수 있었다. 또한 좋은 동료들을 만났고, 의미 있고 보람된 업무를 경험하였다. 3년이 되어갈 때쯤, 꿈을 이루기 위해 퇴사를 결심하고 유학 준비를 시작하였다.

유학 준비는 약 1년에 걸쳐 많은 것들을 준비해야 했다. 우선 학교와 학과선택을 한 후 각 학교마다 요구하는 영어시험점수(TOEFL, GRE), 자기소개서 및 학업계획서(SOP), 포트폴리오, 추천서 등을 체크하고 준비해야 한다. 어느 하나 중요하지 않은 서류가 없지만 가장 기본이 되는 것은 영어점수인데, 지원기준점수에 미달하면 서류를

마크원애비뉴, 세종 지혜의 숲(복합문화공간) *사진출처: 세종특별자치시 홈페이지

보지도 않고 탈락시키기 때문이다. 당시 나는 너무 다양한 학과(도시설계·도시계획·조경 등)에 지원서를 냈다. 선택과 집중을 하지 못하다 보니 결과는 좋지 않았다. 다시 도전하기엔 시간과 돈이 많이 들기에 국내에서 도시설계·도시계획·조경을 모두 배울 수 있는 대학원을 찾아야 했다. 그렇게 찾은 대학원이 서울대학교 환경대학원이었는데 다시 어려운 입시과정을 거쳐 대학원 생활을 시작하게 되었다.

　보통 대학원에서는 한 학기에 3~4과목 정도를 수강하는데, 배우고 싶은 과목들이 많았기에 청강까지 하면서 7과목씩 수업을 들었다. 힘들지만 배움이란 것이 너무 감사하고 즐거운 시간이었다. 대학원 3학기에 들어서면 졸업논문 준비를 시작하는데, 논문은 설계보다 훨씬 어렵고 고된 과정이다. 연구주제를 잡는 것부터 많은 고민과 시간이 걸리는데, 주제가 잡히면 관련 논문 및 학술지, 서적 등 다수의 문헌을 읽고 통계를 습득해서 직접 분석하거나 설문지를 작성하여 직접 설문조사를 하게 된다. 이러한 수많은 과정을 거쳐 세 번의 심사(환경대학원 기준)를 통과하면 졸업논문으로 인정받아 석사학위를 받을 수 있다. 석사 졸업 후에는 취업하는 사람들이 반, 연구원이나 박사 진학 또는 유학을 준비하는 친구들로 반이 나뉜다.

나는 졸업 후 진로에 대한 결정이 바로 서지 않아 고민하는 동안 다양한 업무를 경험해 보기로 했다. 1년 정도 정부기관연구원(서울연구원, 국토연구원) 및 대형설계사무소(해안건축), 해외부동산 컨설팅회사(리어바니스트)까지 두루 경험을 해보고, 대학원 시절부터 일해보고 싶었던 부동산관련 서비스 회사인 CBRE Korea에서 인턴을 시작하게 되었다.

글로벌 종합부동산 서비스 회사는 어떤 곳일까?

현재 우리나라에 들어와 있는 대표적인 글로벌 종합부동산 서비스 회사로는 CBRE(씨비알이), JLL(존스랑라살), Savills(세빌스), Cushman&Wakefield(쿠시먼앤웨이크필드), Colliers(컬리어스), Avison Young(애비슨영), Knight Frank(나이트프랭크) 등이 있다. 대부분 글로벌 회사들의 내부 조직도 및 업무는 유사한데 기업(고객)들이 소유하고 있는 부동산의 가치를 올리기 위한 전반적

종로타워, 스타벅스 더종로 (2017년 오픈당시 국내최대규모 매장)　　　*사진출처: Business Watch

인 부동산 관리 서비스를 해주는 일이 주 업무다. 예를 들어 부동산을 적절한 가격에 잘 매각 또는 매입할 수 있는 자문업무(Capital Market Team), 공실에 오피스나 상가, 물류창고를 입점시켜 건물의 임대수익을 올리는 임대자문업무(Office/Retail/Logistic Leasing Advisory Team), 건물 전체를 관리해주는 자산관리업무(Property Management Team) 등이 있다. 이 외에도 부동산관련 컨설팅·리서치·감정평가·공사관리(Project Construction Management) 부서 등이 있다. 나는 약 7년간 서울 대형 오피스 복합상업시설을 중심으로 MD기획 및 리테일 컨설팅(상업시설 콘셉트, 층별 호실별 업종 편성, 적정임대료 산정, 임대차계약 자문 등) 업무를 맡았다. 예를 들어 쇼핑몰에

강남358타워, 피그인더가든 강남점

앵커테넌트를 유치하거나, 1층에 스타벅스를 입점시키는 일 또는 맛집들로 구성된 식당가를 조성하거나 상층부에 병원 및 피트니스센터, 교육시설 등을 유치하는 업무다.

글로벌 회사에 다니면 세계 여러 나라와 네트워킹 업무가 가능하다. CBRE 역시 본사는 미국에 있지만 전 세계 100여 개 도시에 지사가 있고, 국내 기업이 해외 부동산을 매입하고자 하거나 오피스 진출, 리테일 매장 출점 등이 필요할 때 글로벌 부동산 서비스 회사를 찾는다. 반대로 해외 기업들이 국내에 진출할 때에도 마찬가지다. 예를 들면 에치앤엠(H&M), 자라(Zara), 블루보틀(Blue Bottle), 올버즈(allbirds) 등이 한국에 1호점 매장을 낼 때 글로벌 부동산 서비스 회사를 찾는다. 글로벌 회사뿐만 아니라 국내에도 유사한 회사들이 많이 있다. 에스원(S1), 젠스타메이트(Genstar Mate), 신영에셋, 알스퀘어(RSQUARE), 에이커트리(ACRETREE), 교보리얼코 등 부동산 분야에서 일을 시작해 보고 싶다면 한번 도전해 보길 추천한다.

다양한 분야에서의 부동산 디벨로퍼

종합부동산 서비스 회사에서 오래 일을 하다 보면, 직접 부동산을 소유하거나 개발하는 시행사나 자산운용사 분야로 업무를 확장해보고 싶어진다. 나도 상업시설을 전문으로 개발하는 디벨로퍼 회사에서 일해볼 수 있는 기회가 생겨 토지매입부터 기획·설계·임대차·분양·운영까지 부동산개발에 대한 전반적인 업무를 A부터 Z까지 직간접적으로 경험해 보았다. 장사가 잘되는 상가를 만들기 위해 본질에 천착하며 항상 새로운 것에 도전하고 성장해 가는 스타트업 회사였다. 시행사 경험을 거쳐 현재는 부동산과 금융이 복합된 부동산전문 자산운용사에서 새로운 일을 맡고 있다. 주 업무는 투자를 받아 부동산 매입을 통해 펀드를 설정하고 부동산 실물과 펀드를 운용하는 일이다. 건물 리모델링을 통해 부동산의 자산가치를 극대화하거나, 좋은 임차인을 유치해 활성화된 좋은 건물을 만들어낸다. 많은 업무들이 수행되어야 하는데, 다양한 전문분야의 협력사들과 함께 협업한다. 전 직장이었던 종합부동산 서비스 회사뿐 아니라, 은행, 판매회사, 증권사, 감정평가사, 설계회사, 시공사, 세무사, 회계사, 변호사 등과 함께 일한다. 앞으로의 꿈은 실력을 갖춘 전문 자산운용사가 되는 것과 동시에 진정성 있는 부동산 디벨로퍼가 되는 것이다.

전문가가 되는 길에 정답은 없는 것 같다. 한 분야를 오랜 시간 갈고 닦아 전문가가 될 수도 있고, 다양한 경험을 통해 전문가가 될 수도 있다. 예전에 부동산개발관련 강의에서 들은 말이 생각난다. "부동산 디벨로퍼는 부동산계의 종합예술가다. 설계·시공·법규·세법·금융·분양·임대뿐만 아니라 거시경제까지 부동산 전반에 걸쳐 관련된 부분들을 다 알고 있어야 한다." 만약 부동산 디벨로퍼가 되고 싶다면 처음부터 디벨로퍼 일을 시작하는 것도 좋지만, 관련된 다양한 경력을 쌓은 다음 도전해 보는 건 어떨까.

MD

Park Moonjin

박문진

건설과 상관없는 영어영문학을 전공하였고, 마케팅 대행사를 거쳐 청원건설, 현대아이파크몰, 터브먼 아시아에서 라페스타, 웨스턴돔, 아이파크몰, IFC몰 서울, 스타필드 하남 등의 프로젝트를 진행하였다. 현재 리테일 전문 상업용부동산 컨설팅 기업인 엠온컴퍼니(M.ON Company)를 설립하여 리테일 전략 및 MD 기획, 리테일 오픈 마케팅 및 운영 컨설팅, 리테일 리뉴얼 및 개선 전략 컨설팅 등을 수행하고 있다.

여성의 경험과
감각이 빛나는 리테일

엠온컴퍼니 대표

"어~ 여기 요즘 핫한 디저트 전문점이 들어왔어, 이번 주말에 오자. 저기 코너 고깃집 장사 잘 됐었는데 문 닫았네, 임대료가 비싼가? 길 건너 짓는 오피스텔 상가에 좋은 MD가 많이 들어오면 좋겠다."

동네를 돌아다니면서도 눈은 언제나 주변상가들을 스캔한다. 나만 그런 건가? 물론 리테일 업계에 있다보니 남들보다 관심이 많기는 하지만 리테일은 먹고 입고 사는 일상생활과 밀접하다 보니 누구나 직간접적으로 연관되어 있는 분야인 것 같다.

어쩌다 리테일 전문가

나는 건설이나 건축, 또는 부동산을 전공하지 않았다. 사실 건설

부동산업계에 관심이 있지도 않았다. 문과 출신으로 첫 직장을 마케팅 대행사에서 시작하여 제품이나 기업의 프로모션을 기획했었는데, 그때 백화점, 패션쇼핑몰 등을 담당했던 것이 인연이 되어 청원건설이 개발 중이었던 라페스타 쇼핑몰 마케팅팀에 들어가면서 건설 부동산업계로 들어서게 되었다. 당시 건설 부동산업계의 전문 인력 중 여성은 극소수였다. 내가 입사한 건설사의 경우도 여성이 5퍼센트도 되지 않았으며 남성 중심의 다소 거친 분위기가 낯설었다. 그래서 소프트한 소비재 쪽으로 옮길까 고민하던 중 우연히 만난 헤드헌터에게 건설 부동산업계에는 여성이 많지 않아 오히려 유리할 수 있고 앞으로 더 유망할 것이라는 조언을 듣고 마음이 흔들렸다. 그러다 건물이 하루가 다르게 올라가 완공되고, 새 건물에 다양한 MD들이 하나둘 채워지고, 사람들이 우리가 만든 공간에서 즐겁게 먹고 놀고 쉬고 즐기는 모습을 보면서 왠지 모를 뿌듯함이 느껴졌다.

백화점 중심이었던 당시 리테일 업계에서 쇼핑몰 개발·운영 경력을 인정받아 전자상가로 개발되었으나 리테일 트렌드 변화로 고전하고 있던 용산역사를 개발한 현대역사(현 현대아이파크몰)로 이직하게 되었다. 이직 후 복합쇼핑몰 개념을 도입해 아이파크몰로 리뉴얼하고 해외 리테일 트렌드를 활용해 몰링(Malling)이라는 용어를 소개해 화제를 일으켰다.

어느덧 10년이 넘는 리테일 경력이 쌓여 외국계 리테일 부동산 전문기업인 터브먼 아시아로 옮겨 IFC몰 서울 마케팅 총괄을 맡았다.

라페스타

개발건설단계에서부터 오픈 후 운영단계까지 진행하며 마케팅을 넘어 설계·건설·MD·임대·운영 등 리테일 전반에 대한 직간접적인 경험을 쌓을 수 있었다. 또한 신세계와 공동투자한 스타필드 하남 프로젝트의 개발단계에서부터 참여하여 성공적으로 오픈하는 경험도 하게 되었다.

한 업계에 오래 있다보니 건축이나 건설을 전공한 것은 아니지만 설계 도면을 볼 수 있게 되었다. 또한 다수의 운영 경험으로 도면에서 고객들이 가지 않는 소외된 동선, 임대가 어려운 구조의 상가, 장사하는 데 불편한 시설 등도 볼 수 있게 되었다.

리테일은 보기에 멋지고 화려한 건물이 아닌, 오픈 후 고객들이 이

IFC몰 서울

용하기 편리하고 상인들이 장사를 잘할 수 있는 건물을 만드는 것이 중요하다. 이러한 현장 경험과 소비자에 대한 이해를 바탕으로 잘 만들어진 리테일, 고객과 상인 모두 좋아하는 리테일, 활성화되는 리테일을 만들기 위해 리테일 전문 상업용부동산 컨설팅기업인 엠온컴퍼니(M.ON Company)를 설립하였고 리테일 개발단계에서부터 오픈, 운영단계까지의 컨설팅을 진행하고 있다.

복합프로젝트 개발은 활발, 리테일 전문인력은 부족

"전면상가에 패스트푸드를 넣고 싶은데 두 평이 부족해 안 된다네요. 2층 상가는 공조가 없어서 식음매장은 안 된다고 하고… MD 계획없이 건물을 지었더니 이제 와서 난감하네요."

"상층부 아파트는 다 입주했는데 저층부 상가가 2년 넘게 비어 있어요. 수익률이 좋아서 상업시설을 크게 늘렸는데 상가가 비어 있으니 전체 프로젝트가 망한 것 같아 보여요."

리테일 경험이 적은 기업들이 MD 계획 없이 상업시설을 개발한 후 뒤늦게 내놓는 하소연이다. 주거·업무·문화시설 등과 상업시설을 결합한 복합프로젝트가 대세가 되면서 기존의 아파트나 오피스 등의 프로젝트를 개발하던 기업들이 리테일을 개발하였으나 완공 후 MD 유치를 하지 못하고 상업시설이 활성화되지 않아 골치를 앓는 경우가 많다.

24평, 35평 똑같은 구조를 층층이 쌓는 아파트나 오피스텔과 달리 상업시설은 상가마다 면적도 형태도 구조도 다르다. 아파트는 고정된 입주민의 편의성만 고려하면 되지만 리테일은 다양한 불특정 이용고객의 니즈, 장사하는 상인들의 영업, 상업시설 전체의 활성화 등 많은 것을 고려해야 한다. 이를 위해 진입 동선과 원활한 수직·수평 동선, 편의시설 배치와 보이지 않는 후방시설까지 고려해야 한다. 상가별로는 샵프론트 길이, 상가 깊이와 높이, 전면 공간 등에 따라 MD가 달라지고 코너 상가, 출입구 옆 상가 등 주변 환경에 따라 임대료가 크게 달라진다. 또한, 아무리 좋은 건물과 시설을 갖추고 있더라도 기존 상권이 발달하여 더 이상 들어올 브랜드가 없을 수도 있고 좋은 MD를 유치했더라도 장사가 잘 되지 않으면 다시 공실이 될

스타필드 하남

수도 있다.

이에 상업시설은 개발단계에서부터 상권에 대한 분석을 통해 타깃 고객을 끌어들일 수 있는 리테일 콘셉트와 MD 계획 등 전략을 수립하여 해당 MD에 맞춰 설계·디자인하고 건설해야 하는데, 현장에 리테일 경험이 많은 전문인력은 매우 부족한 상황이다.

리테일 컨설팅사에게 제일 많이 문의하는 것도 MD 컨설팅이 아닌가 싶다. 아무래도 설계나 건축은 아파트나 오피스 프로젝트에도 있는 업무분야인데 MD는 리테일에만 있다 보니 그런 것 같다. 그러나 앞에서 예시로 든 것처럼 이미 다 건설된 다음에 MD를 논의하게 되면 나올 수 있는 답은 한계가 있으므로 개발단계에서부터 MD 계획을 세워야 한다.

리테일 메인 고객인 여성이 만드는 리테일

요즘은 남성들도 쇼핑을 좋아하고 많이 하지만 아무래도 리테일의 메인 고객은 여성이다. 일반적으로 남성들은 자동차 브랜드를 줄줄이 꿰고 있지만 여성들은 패션 브랜드를 훨씬 더 많이 알고 있다. 남성보다는 여성이 리테일을 이용하는 횟수가 훨씬 많아 사용자 입장에서 여성의 경험과 니즈가 도움이 되므로 리테일은 여성이 더 재미있게 잘할 수 있는 분야라고 생각한다.

평소에 브랜드에 관심이 많거나 호기심이 많고 새로운 트렌드를 찾아다니는 것을 좋아한다면 기본적으로 여성의 경험과 감각이 빛을 발할 수 있는 리테일 분야에 도전해 보는 것은 어떨까 싶다.

6 모형

Lee Jeonghee

이정희

건설과는 거리가 먼 의상디자인을 전공했다. 패션업계에 종사하다 전업주부의 삶을 살다 2009년부터 ㈜에이탑모형을 운영하고 있다. 국내 초고층 빌딩 엘시티해운대 프로젝트에 국내 최초 맵핑모형이라는 생소한 분야를 소개했다. 각 건설사 프로젝트와 박물관 전시물 등의 프로젝트를 수행 중이다.

결과물을
직접 볼 수 있는 모형

이정희
㈜에이탑모형 대표

영화 〈건축학 개론〉을 보면 남자주인공 승민이 여자주인공 서연에게 그녀가 살고 싶어 하는 집을 모형으로 만들어 주는 장면이 나온다. 머릿속 상상을 도면화하고 도면을 한눈에 볼 수 있게 현실화시키는 모형은 완성됐을 때의 성취감이 매우 큰 분야이다. 모형을 만드는 과정 중에 설계의 오류도 종종 찾게 되고, 도면으로는 몰랐던 장점과 단점이 바로 보이게 된다.

직업의 세계로 가면 모형은 건축모형, 분양모형, 전시모형, 디오라마 등으로 세분화된다. 그중 가장 활발한 분야는 분양모형이다

분양모형 제작 과정

설계도면을 받으면 회의를 통해 제작방법을 정한다. 제작방법이

정해지면 축소한 크기로 만들기 위한 편집작업에 들어가고, 편집을 한 후 기계에 명령을 내린다. 아크릴, 포맥스, ABS 등의 재료를 레이저나 CNC기계가 커팅을 하면 조립에 들어간다. 조립 후 에어건을 이용해서 잉크나 래커로 도색작업을 한다. 분양모형의 경우 외관색채를 그대로 재현해야 함으로 모형 제작 중 가장 전문적이고 섬세한 작업이다. 조경은 철사로 뼈대를 만들고 도색을 한 후 스펀지를 잘게 붙여서 염색한 것이나 종이, 드라이플라워 등 각종 재료로 재현한 나무를 조경식재계획도에 맞춰 심어준다. 베이스와 건물로 나누어 제작된 결과물을 현장에 싣고 가서 조립한다. 현장에선 모형과 전기팀 전시대팀의 협력으로 완성을 한다.

모형작업은 창작은 아니다. 건축가가 설계한 도면이 기본 베이스다. 하지만 설계, 디자인, 제작에 감각이 있어야 한다. 창작의 고통은 없으나 끊임없이 연구하고 새로운 도전을 해야 한다. 체력과 섬세함 그리고 인내심이 필요하다. 결과물에 대한 성취감은 그 무엇에 비할 바가 아니다.

2013년 우리나라에서 분양

엘시티 단지모형

엘시티 맵핑모형　　　　　　　　　　　　내부표현모형

상품 중 가장 높은 101층 엘시티프로젝트를 접했다. 이것저것 제안하고 싶은 게 너무 많았다. 그러나 현실은 최저가 입찰! 손해를 보며 제안을 할 수가 없었다. 그러나 언제 101층을 또 분양하겠나 싶어 손해볼 것을 알면서도 색다른 시도를 했다.

처음 시작은 백색모형 위에 CG를 입히는 맵핑모형이었는데, 2013년에는 맵핑모형이 매우 생소한 분야였다. 엔지니어팀과 머리를 맞대고 아이디어를 내고 실현해보고… 오랜 시간의 노력 끝에 훌륭한 작품이 완성됐다. 맵핑모형의 결과가 훌륭하니 클라이언트 쪽에서 분양모형 제작에 대해 우리의 제안을 모두 수용하였고 2015년 모델하우스 오픈 때 색다른 시도를 많이 했던 모형의 반응도 좋았고, 분양도 성공을 했다.

모형제작은 전공에 상관이 없다. CAD를 사용할 수 있고 도면을 볼 수 있어야 하고, 만들기를 좋아하고, 감각이 있으면 된다. 섬세한 부분이 많아서 여성에게 유리한 분야라고 할 수 있다. 모형의 발주처는 건설사, 시행사, 광고대행사, 인테리어회사, 분양대행사 등 다양하다.

분양모형의 장점은 빠른 회전이다. 하나의 프로젝트를 1달~1달 반 정도의 텀으로 중간에 검수 과정을 2~3번 거쳐 납품을 하게 된다. A/S기간은 1년이나 분양이 빨리 끝날 경우 바로 철거하기도 한다.

분양에 있어서 모형은 모든 공정들이 끝나고 인허가를 받은 시점에 발주가 나온다. 모형은 창작의 고통이나 다른 리스크가 적은 분야이다. 도전정신보다는 결과물을 어떻게 잘 표현을 하고 분양에 어떻게 도움을 줄지에 대해 많은 고민을 해야 한다. 맡은 프로젝트를 제대로 이해하고 진심을 다해 일한다면 큰 변화 없이 일할 수 있는 분야이다.

Section 05

건설시공 및
사업관리분야
멘토들의 이야기

6 건설시공

chang noy

장녀

전북대학교에서 건축공학을 전공했다. 대학 졸업 후 DL이앤씨(구 대림산업)에서 현장근무 10년, 설계 3년, 상품개발 10년의 경력을 쌓았으며, 현재는 품질업무(TQM)와 고객품질 개선업무 담당을 3년째 하고 있으며, 주로 혁신업무를 담당하고 있다.

여성 시공기술인으로
산다는 것

장녀

DL이앤씨(구 대림산업) 부장
건축시공기술사

위기를 극복하면 열매가 남는다

1995년에 공채로 건설회사에 입사한 뒤 쭉 한 회사를 다니고 신입사원에서 팀장까지 27년째 일을 하고 있으니 어느새 부모님과 함께한 시간보다 더 오랜 시간이 되었다. 회사생활을 하면서 내가 어떻게 성장해왔는지 뒤돌아보니 위기와 어려움이 있을 때마다 극복하고 버텨낼 수 있었던 계기가 항상 있었던 것 같다. 나에게 가장 큰 위기는 육아였다.

현장 생활하면서 육아를 병행할 자신이 없어 아이 둘 모두 부모님께 맡기게 되었다. 그땐 몰랐는데 15년이 흐른 뒤 유아기 때 형성되어야 할 부모와의 애착관계가 약하여 아이들이 심한 사춘기를 겪게 되었다는 것을 알게 되었다. 이를 통해 엄마가 될 준비가 부족했다는 것도 깨닫게 되었다. 그때부터 엄마공부를 시작했고 아이들과의 애착도 다시 만들어가기 시작했다. 내 생각을 아이들에게 가르치는 게 아닌 아이들 의견을 더 많이 들어주고, 수용해주고 믿어주는 것으로 양육태도를 180도 바꾸려는 노력을 하였다. 쉽지 않았지만 엄마가 바뀌면 아이도 바뀐다는 신념을 갖고 꾸준히 노력했고 아이들도 조금씩 변화를 보여주었다. 육아퇴사라는 위기가 왔었지만 이것을 적극적으로 해결하고자 나를 바꾸는 공부를 하고 이 위기가 넘어가니 결국 이 소중한 경험이 현재의 나의 리더십 형성에 도움이 되었다고 생각한다.

또 다른 위기는 원하지 않았던 팀에 강제발령이 났을 때 무시당했다는 피해의식으로 스스로 위축되었을 때이다. 이것을 극복할 수 있었던 계기는 기술사 자격증 취득이었으며 책임감 있는 업무를 맡게 되면서 자연스럽게 자신감을 회복할 수 있었다. 이때, 내 이름을 걸고 일한다는 재미에 푹 빠져버렸고 평생 동안 자랑해도 될 만한 업적도 만들었다. 2000년대 초반 아파트가 브랜딩을 하기 시작했고 그에 맞는 아파트 디자인이 필요했는데 우수한 디자인이 꼭 시공단계에서 변질이 되는 것이 문제였다. 시공성이 반영된 디자인, 경제성이 반영된 디자인, 전국 어디에서도 동일한 품질의 디자인, 이 목표를 달성하기 위해 현장과 본사의 모든 관계자들을 설득하고 만족시키는 작업, 즉 하나씩 하나씩 작은 성공을 쌓아가다 보니 어느새 많은 사람들의 인정도 받고 꾸준한 성장도 할 수 있었다. 강제발령으로 인한 자신감 상실을 극복하고자 기술사 자격증 취득에 도전한 것이 결국 많은 업무기회를 얻을 수 있었고 일도 재미있게 할 수 있는 계기가 되었다.

새로운 도전은 용기

재미있는 일을 하며 성과도 좋았지만 이것을 10년 이상 하니 일은 눈감고도 할 수 있을 정도로 힘들지 않음에도 원인모를 무기력이 오기 시작했고 새로운 도전을 위한 전환시점이 되었다는 걸 인지하게 되었다. 시공직으로 전환하여 현장에서 시공을 제대로 해보자고 생각하고 새로운 도전을 하게 되었다 40대 초반의 나이는 이미 시공직으로 뛰기엔 늦은 나이였지만 나의 도전에 응원해 주는 사람들의 도움으로 용기를 낼 수 있었다.

현장생활을 하면서 지도해주신 소장님이 보여주신 리더십이 나에게도 많은 영향을 주었다 강한 상대에게는 더 강하게 대항하고 협상을 끌어내는 방법. 여리고 힘없는 직원들을 남모르게 챙기는 방법. 현장의 위기를 포착하는 순간 조직 분위기를 전환하고 새로운 전략을 모색하는 위기관리 능력. 직원들 인생을 컨설팅해 주고 등불을 밝혀주어 현장업무에 집중하게 만드는 동기부여 능력. 자기자신의 내적 갈등을 이겨내는 자기관리 능력… 한 사람에게 이렇게 많은 면을 배울 수 있었던 것이 가장 큰 행운이었다는 생각이 든다. 그 후 현장소장 대행직을 두 곳의 현장에서 하면서 간접적으로 배우는 것과 내가 직접 문제를 해결하는 주인공으로서 책임자의 무게가 얼마나 큰지 알게 되었고 현장의 어려움을 직접 체험하면서 본사의 지원부서에 대한 아쉬움이 보이기 시작했고 내가 다시 본사에 들어갈 기회가 주어지면 현장을 위한 지원부서의 진정한 모습을 만들어야겠다는 생각을 하게 되었다.

일은 가고 사람만 남는다—사람을 먼저 보라

27년 동안 많은 일들을 해왔고 성공적으로 업무수행한 경험도 많았지만 일을 잘하고 싶다는 욕심과 눈앞에 놓여 있는 일을 해치우고 싶다는 마음을 내려놓기는 쉽지 않은 것 같다.

본사업무의 기회가 다시 주어졌다. 품질과 CS 업무개선을 위한 임무가 주어졌고 조직관리자로서 책임자가 되었지만 처음엔 여전히 일을 먼저 보고 달리는 리더였다. 그런던 중 혁신업무를 담당하는 사람으로서 한계가 느껴졌다. 혁신은 결국 일이 아니라 사람이 바뀌어야 한다는 것을 깨달았다. 업무개선보다 품질과 CS 업무를 하는 사람들의 인식을 바꾸기 위해서 무엇부터 해야할지 고민하다보니 아이 둘 키울 때 양육방식이 잘못되어 내가 바뀌니 아이들이 바뀌었던 경험이 도움이 되었다. "저는 여러분들과 끝까지 함께할 거고 반드시 여러분들의 어려운 문제를 함께 해결하겠습니다"라고 어느 자리에서든 이야기하기 시작했고 직원들의 어려움을 하나하나 들어주고 믿어주고 그들의 어려운 문제를 같이 해결하고자 했다.

직원들의 눈빛이 달라지기 시작했고 업무개선 아이디어가 자유롭게 이야기되기 시작했고 새로운 일에 대한 도전을 두려워하지 않게 되었다.

이제 나는 일을 사랑하는 사람이 아닌 사람을 사랑하는 사람이 되었다. 우리가 일을 하기 위해 만난 사이이지만 우리가 무슨 일을 했는지 보다는 그 일의 목적을 어디에 두고 누구와 함께 했는지가 더 가치 있는 것이라는 걸 깨닫게 된 것 같다.

다시 27년 전으로 돌아가 신입사원 시절을 회상해 본다. 여직원을 귀하게 여기고 잘 생존했으면 하는 바람으로 선배님들이 많은 관심과 사랑을 주셨는데 그땐 어려서 역차별의 논란거리가 될까봐 부담스럽기만 했다. 그때의 선배님들의 관심과 사랑이 어떤 마음이었는지 이제는 이해가 된다.

후배들이 주변의 관심과 사랑을 감사히 여기고 잘 활용하시는 현명한 사람이 되길 희망한다. 결혼생활, 사회생활을 하다보면 언제 어디서든 위기와 어려움을 맞게 될 것이다. 그것을 어떻게 슬기롭게 헤쳐갈지 미리 고민하지 않았으면 한다. 위기에 닥쳤을 때 자기자신을 믿고, 자기주변의 사람들을 믿고 모든 위기를 극복하고 나면 열매가 주어진다는 진리를 믿으면 모든 일이 잘 풀릴 것이라고 후배들에게 이야기해 주고 싶다.

건설사업
관리

서아름

한양대학교에서 건설사업관리 석사학위를 받았다. 2013년 ㈜혜원까치종합건축사사무소의 CM기획본부에서 입찰업무를 시작으로, CM운영본부에서 운영관리업무를 담당하였고, 인천국제공항, 국가철도공단, 행정중심복합도시건설청 등에서 발주한 인천국제공항공사 3단계·4단계, 경부선 부산역 증축, KTX오송역사 신축, 세종시 광역복지센터 등 다양한 대형 국책사업들을 관리하였다, 또한 서울역북부역세권개발과 같은 민간사업에도 참여하고 있다. 현재는 CM기획본부 기획팀장을 맡고 있으며, ㈔한국여성건설인협회, ㈔한국건설관리학회, ㈔대한건축학회에서 활발한 활동을 하고 있다.

나는 비전공자다
그리고 오늘 CM회사로 출근한다

서아름
㈜혜원까치종합건축사사무소 이사

2013년 3월 11일 그날 새벽은 무척이나 길었다. 몇 번이나 시계를 봤지만 내 의식보다 시간이 천천히 흐르고 있었다. 생각은 많았고, 걱정도 많았다. 그럴 수밖에 없었던 것은 나는 건설을 전공하지 않았고, 이 분야에 대한 정보도 부족했었다. 그냥 제도판을 이용해서 드로잉이 되면, 그 도면으로 건물을 짓는 모습이 내가 생각하는 건설이었다. 하지만 입사 전 사전 인터뷰를 위해 방문했던 회사는 그런 곳이 아니었다.

여기저기 처음 듣는 단어들로 대화를 하고, 분주히 움직이는 모습은 내가 상상하던 모습과 많이 달랐다. 이런저런 생각을 하다보니 내 의식은 점점 또렷해졌고, 결국 뭐라도 준비를 하자는 생각으로 휴대전화를 열었다.

건설사업관리는 무엇인가?

건설이란 인류의 역사와 함께 시작되었고 건물의 형식이나 생산기술은 문명의 발달과 함께 점점 복잡화되고 전문화되었다. 따라서 일정 규모 이상의 건축물은 건설공사의 기획 · 타당성 조사 · 분석 · 설계 · 조달 · 계약 · 시공관리 · 감리 · 평가 · 사후관리를 건축주를 대신해서 맡아서 해주는 전문가가 필요했고. 이를 제도화하여 흔히 CM(Construction Management)이라고 한다.

• **건설공사의 기획** 건설사업의 효율성을 높이고 건축물 등의 가치와 디자인 품격을 향상시키기 위하여 건축물의 설계 전에 사업의 필요성 검토 및 입지선정, 발주방식 및 관리방안에 대한 사전전략을 수립하는 것을 말한다.

• **타당성 조사 및 분석** 사업계획의 적정성을 판단하기 위해 사업의 기본구상(기획)을 검토하여 사업 내용을 평가하고 이를 토대로 사업의 경제성과 타당성을 객관적으로 분석하는 것을 말한다.

• **설계** 건축물을 구축하기 위해 요구되는 기능과 구조를 결정하고 구체화하는 과정을 총칭하는데 이는 건축물의 환경조건, 일조, 통풍, 소음 등을 고려하고, 건축물의 색채, 형태 등 건축물의 기능적 미적을 다루는 단계이다.

설계과정은 크게 네 가지로 진행되는데, 기획설계(건축물의 기본 사항의 결정), 계획설계(기획설계의 개념들을 도면화하고 시공도면의 작성에 필요한 중요사항을 결정), 기본설계(계획설계를 심화하는 과정), 실시설계(건축물을 정확히 건설하기 위하여 모든 건축요소를 결정하는 최종단계)로 구성된다.

• **조달** 건설사업관리에서 조달관리는 고객이 원하는 건축물을 정해진 기간 내에 완수하는 것으로 품질과 일정에 대한 리스크를 최소화 되도록 계약을 체결하도록 관리하는 것이다. 우선 조달방식을 결정하고 안정적으로 조달할 수 있도록 최적의 공급자를 선정하여 발주자와 원하는 시기에 공사가 진행되도록 하는 것을 말한다.

• **계약** 조달계획에 의해 최종 공급자가 결정이 되면 계약서상의 요구사항과 결과물이 일치할 수 있도록 유지 및 관리를 하는 것을 말한다.

• **시공관리** 건축물이 최초 설계대로 발주자가 원하는 건축물이

될 수 있도록 현장과 공사여건에 대한 면밀한 조사, 계획을 실시하여 정해진 공사기간 내에 건축물이 완공될 수 있도록 안전관리, 원가관리, 품질관리, 공정관리 등 종합적인 계획에 의해 관리 및 감독하는 것을 말한다.

• 평가 및 사후관리 건설공사 참여자(발주자, 건설사업관리 사업자, 설계자, 시공자)의 평가에 따른 경쟁을 통해 기술수준 향상과 설계 및 시공의 품질제고, 건설사고 예방을 목적으로 사업의 효율화에 기여하기 위해 준공 후 평가하여 유사사업의 추진 및 관리에 활용하는 것을 말한다.

건설은 결과적으로는 건물을 완성하는 것이 목적이나 그 과정은 복잡했다. 그리고 그 과정에는 전문성을 필요로 하고, 그 과정들은 유기적으로 연결되어 있어, 선행과정이 후행과정에 영향을 주게 된다. 그리고 이러한 전문 경험이 있는 사람들이 모여 CM회사를 만들어 경영한다. 그리고 나는 오늘 그곳으로 출근을 한다.

나의 건설사업관리 첫 출근은 그렇게 시작되었다.

건설… 막연했지만 여성이라고 무시당하기 싫었다

조금 일찍 도착해서 임원들과 간단한 인사를 하고, 나는 입찰준비 부서로 발령을 받았다. 입찰이라는 단어가 무겁게 느껴졌지만, 부서원들의 따뜻한 인사와 함께 업무를 시작했다. 처음 나에게 주어진 일은 관련 법규를 통달하는 것이었다. 우리나라의 건설사업관리는 법제화되어 있다. 무분별한 입찰 참여를 방지하여 안전하고, 우수한 건축물을 건설하도록 가이드하고 있다. 건설은 크게 공공공사와 민간공사로 나누는데 나는 공공공사의 입찰관련 업무를 하는 것이었다.

전공자가 아닌 나로서는 어려운 도전이었다. 먼저 관련 용어와 법들을 하나씩 익혀가며 시작하기로 했다. 우선 공공(公共)공사가 무엇인지 알아야 했다.

공공(公共)공사란 무엇인가? 공공공사는 국가나 정부 기관이 건축주가 되어 직접 시행하거나 지방자치단체의 보조로 시행하는 공공 토목·건축 공사로 영리를 목적으로 하기보다는 공익성을 바탕으로 국민의 편의 또는 안전을 목적으로 추진된다. 대표적으로 정부청사, 지자체청사, 여객터미널, 철도역사, 문화시설 등이 있다.

처음에는 막연했다. 하지만 건설이라는 분야에서 여성이라고, 비전공자라고 무시당하기 싫었다. 정말 학창시절로 돌아가서 입시를 준비하는 마음으로 메모장을 메웠고, 도서관에도 갔다. 주변의 많은 도움을 받으며 익혀 나갔다.

두드리면 열린다고, 3개월 정도 지나자 어느 정도 업무를 파악할 수 있었다. 하지만 여전히 갈 길은 멀어 보였다. 그래서 대학원을 진학하기로 결정했다. 실무적으로는 알겠으나 이론적으로도 알고 싶었다. 혼자 선택하기가 어려워 주위의 도움을 받아 여러 가지 상황을

인천국제공항 1단계 건설사업관리 / 인천국제공항 3단계 건설사업관리 / 인천국제공항 4단계 건설사업관리

서울·강서구 통합신청사 건설사업관리 / 세종시 4-1복합커뮤니티센터 건설사업관리 / HYEWONKACI Main Projects [Public CM]

고척 스카이돔 건설사업관리 / 서울 애니메이션 센터 건설사업관리 / KTX 오송역사 건설사업관리

고려하고 진학을 하였다. 역시 과정은 쉽지 않았다. 하지만 건설분야에서 일하는 사람들의 특성이 나를 이끌어주었다. 건설이라는 일의 특성상 혼자 할 수 있는 것은 없다. 모든 공종은 선·후행으로 이어져 있고, 심지어 하나의 작업도 여러 사람이 분업하여 일을 한다. 어느 하나만 문제가 생겨도 품질, 안전, 공사기간에 영향을 준다. 그래서 서로가 서로를 챙기면서 일을 하게 된다. 대학원 기간 동안 나의 선배, 동기, 후배는 든든한 안식처였다. 즐거울 때도 함께였고, 힘들 때도 함께였다. 그렇게 나는 석사학위를 취득하였으며 아주 조금은 건

설사업관리를 알게 된 것 같았다.

건설사업관리에 발을 담그다

입찰부서에서 약 5년을 근무하고, 건설사업관리 현장부서로 발령 요청을 하였다. 무엇보다 건설사업관리에서 입찰제도라는 한 영역만으로 건설사업관리를 이해하는 것은 한계가 있었다. 다행히 현장관리부서에 인력충원 계획이 있어 나는 운영부서로 자리를 옮겼다. 입찰 부서에서 바라보던 운영부서는 단순히 현장관리를 하는 곳이라는 것을 알았지만, 막상 그 업무를 들여다보니 현장경험이 없는 나에게는 매우 힘든 곳이었다. 먼저 현장용어와 계약용어들은 나를 다시 도서관으로 가게 만들었다. 하지만 한번 겪어봤다고 이번에는 그래도 조금은 쉽게 적응할 수 있었다.

건설사업관리 운영부서는 무엇을 하는가?

운영부서의 일은 현장에서 원활하게 건설사업관리를 수행할 수 있도록 기술자의 배치, 기술검토, 품질, 안전, 공정, 공사의 기성 검토 등 현장관리 지원과 건설사업관리의 효율적 수행 및 사업의 성공적 완수를 할 있도록 전사적으로 지원하는 곳이다.

운영부서에서 일하며 건설사업관리에 대한 이해가 조금은 늘었다. 특히 기술검토와 현장의 품질, 안전 점검을 통해 프로젝트 요소 하나하나가 모두 이어져 있으며, 시간이 지날수록 문제의 수정 또는 보완이 어렵고, 그래서 여성의 섬세함이 초반에 긍정적인 역할을 할수 있다는 것을 깨닫게 되었다.

무엇보다 운영부서는 현장과 직결됨으로 정기적인 안전관리와 품질관리, 공정 및 사업비 관리는 관리현장이 늘어날수록 쉽지 않았다. 시스템이 필요하다고 느끼고 현장의 특성에 맞게 담당자를 정해서 업무가 효율적이고 일괄적으로 진행될 수 있도록 업무분장과 기준을 정해 운영할 수 있도록 하였다. 처음에는 업무분장에 대한 담당자들의 불만이 있었지만, 곧 자기 담당에 익숙해지고 지속적으로 업무할당을 모니터링하여 조정함으로써 70개의 현장을 효율적으로 관리할 수 있었다.

그렇게 약 4년간 운영부서에서 업무를 보며 부팀장으로 승진하게 되었고, 처음에는 낯설고 어려웠던 내용들이 조금씩 익숙해질 무렵 회사 내의 조직개편이 있었다.

CM부문의 기획팀장이 되다

2022년은 나에게 조금은 특별한 시기였다. 첫 번째 기존의 운영부서에서 기획부서로 자리를 옮기게 되었다. 무엇보다 원래 6년간 근무한 곳이었지만, 나에게는 새로운 도전일 수밖에 없었다. 주 업무는 프로젝트 수주기획이었다. 어느덧 CM 일을 10년을 해왔지만, 나에게는 여전히 낯설고 쉬운 일은 아니었다. 먼저 기획업무는 프로젝트의 성격을 분석하고 최상의 기술자로 구성된 건설사업관리 수행조직을 구성하는 것이다. 과연 최상의 건설사업관리 수행조직은 무엇일까?

건설사업관리 수행조직은 어떻게 구성될까?

건설사업관리는 사업 전반에 대한 관리 능력과 시설에 대한 높은 이해도를 요구한다. 따라서 고도의 기술력을 가진 조직이어야 사업을 성공적으로 완수할 수 있다. 따라서 참여 기술자의 수행실적과 경력을 바탕으로 건설사업관리 조직을 구성한다. 일반적으로 책임 기술자와 분야별 기술자로 구성되며, 각 분야별 기술자는 다시 건축, 토목, 기계, 조경, 전기, 통신, 소방, 안전 기술자로 이루어진다. 이들은 해당 분야 공사의 공종을 책임지며 건설사업관리를 수행한다.

하지만 때로는 인천국제공항, 세종시 정부청사와 같이 시설의 규모가 크지고 복잡해진다면 하나의 회사가 단독으로 수행하기가 어려워진다. 이럴 경우에는 컨소시엄을 구성하게 된다. 나의 또 다른 업무는 대외협력을 위한 네트워크 구축이었다. 다행히 나는 운영부서에 있으며 다른 건설사업관리 회사와 함께 일하며 협력했던 것이 큰 도움을 줬다. 운영업무 특성상 다른 회사와 함께 일하며 사업성과를 공유하기 때문에 그 회사의 장단점을 어느 정도 알고 있었다. 그렇다면 좋은 건설사업관리 컨소시엄을 구성하기 위해서는 무엇이 중요할까?

건설사업관리 컨소시엄은 무엇인가?

건설사업관리는 사업 전반과 시설에 대한 전문성이 필요하다. 이에 그 시설분야에 전문성과 특수성을 가진 건설사업관리 회사들이 존재한다. 그것을 일반적으로 회사실적이라고 한다. 또한 우리나라는 건설기술진흥법(건설엔지니어링의 실적 관리)으로 해당 실적을 체계적으로 관리하도록 하고 있다.

그래서 컨소시엄을 구성할 때는 공인된 회사실적과 최근 수행한 프로젝트의 성공여부 및 수행성과에 대한 정보를 수집하고 그 결과를 바탕으로 컨소시엄을 구성한다. 핵심은 어떤 전문성을 가지고 있느냐와 어떤 수행성과가 있었냐로 정리할 수 있다.

그렇게 기획업무를 시작하면서 나에게 두 번째 특별함이 찾아왔다. 기획팀장으로 발령이 난 것이었다. 기획팀장의 역할은 기획팀원들에게 프로젝트를 나눠주고, 해당 프로젝트가 성공적으로 수주될 수 있도록 하는 것이었다. 물론 조직의 팀장이 된다는 것은 많은 책임과 희생이 요구된다. 특히 여성이라는 사회적 편견이 이를 더 부채질한다. 학교에서, 시험에서 두각을 나타냈던 알파걸들이 왜 조직에서 팀장의 자리까지 오르지 못하는 것일까? 나는 가장 큰 이유를 스스로에게 찾고 있다. 편견에 굴복하여 스스로 낙오시키는 오류를 범하지 않기를 바란다. 나는 비전공자였지만, "뭘 할 줄 알겠어?", "여자잖아, 얼마나 다니겠어?"라는 편견에 굴하지 않았다. 또한 남자 직원들도 힘들어하는 부서에 자진해서 요청했다. "여성이 하기에는 너무 힘들지"라는 편견에 정면돌파를 했다. 그리고 지금은 좋은 여성 리더가 되고 싶다고 생각한다.

더 이상 건설은 남자들만의 영역이 아니다. 이미 많은 분야에 뛰어난 여성들이 두각을 나타내고 있고, 고위직이나 회사의 리더로 자리를 잡아가고 있다. 나 또한 그런 꿈을 그리며 금속공예를 하던 여자아이는 건설사업관리 전문경영 여성리더로 성장해 갈 것이다.

건설사업
관리

대학에서 건축학을 전공하고 단국대학교에서 도시계획 및 부동산개발 석사학위를 취득하였다. 서울시 기술자문위원회 위원, 수원시 기술자문위원회 위원, 김포시 기술자문위원회 위원, 인천시 기술자문위원회 위원, 용인시 품질검수 위원, 서초구 기술자문위원회 위원, 서울특별시 교육청 자재·공법선정위원회 위원으로 활동하였고, 현재 ㈜목양종합건축사사무소 이사이면서 경기대학교 예술대학원 겸임교수로 활동하고 있다.

도전하고 실패하면서
재밌고 즐거운 일을 찾기를

김도연
㈜목양종합건축사사무소 이사

막내딸의 고민

어느 날, 막내딸이 진학 진로를 고민하다 "엄마 나 뭐하고 살까? 내가 뭘 하고 싶은지 잘 모르겠어"라며 나름 꽤나 심각하게 말을 한다. 요즘은 시스템이 완벽하진 않지만 그래도 진로상담 교사도 있고, 진로를 탐색하는 교과시간도 있어 참여하고 싶은 프로그램에 신청만 하면 관심 있는 진로에 대해 많은 것을 미리 경험해 볼 수도 있다. 늘 그러지 말아야지 하는데 아이들과 대화를 할 때 '라떼'를 여러 번 읊곤 한다. 지금 다시 한 번 우리의 그 때를 회상해 보면, 우리는 미래에 대한 구체적인 스토리를 생각하지 못한 채, 아무 생각 없이 학교 안의 세상이 다인 것처럼 지냈던 것 같다. 하지만 우리 아이들은 현재의 진로프로그램을 통해 진로에 대한 고민과 미래의 직업 코칭을 지속적으로 받게 되면 나보다는 좋은 기회들이 주어질 거라 믿는다.

이 글이 진로를 고민하는 건설분야 후배들에게 어떤 형태로든 도움이 되면 좋겠다. 한국기술사여성위원회 등 건설관련 단체의 진로 멘토링에서 정기적인 만남을 가지면서 구체적으로 진로를 꿈꿔보는 것도 좋은 방법이다.

건축이란

건축이란 단순하지가 않다. 단순히 건물을 설계하고 만드는 것이라고 하기엔 부족하고 그 이상의 많은 것을 포함하는 종합적 예술이다. 건축을 공부하는 사람은 누구든지 건축의 3대 요소(구조·기능·미), 동선의 3요소(속도·빈도·하중)를 배우게 된다. 기초부터 종합적인 이론을 바탕으로 용도에 따라 창의적이고 기능적이면서 미적인 부분을 놓치지 않는 건축물을 만드는 데 여러 분야의 사람들이 함께 참여하고 유기적으로 협업하는 과정이 필요하다.

얼마 전에 집중적인 폭우로 인해 많은 사건사고들이 있었다. 건축물은 이런 자연재해들로부터 우리를 안전하게 지켜주는데, 그러한 건축물의 형태로는 배움의 장소가 되는 학교, 경제활동을 할 수 있는 공간, 쉴 수 있는 휴양지, 국가의 경쟁력을 보여주는 문화재 등 매우 다양하다.

여기서 DDP(동대문디자인플라자)를 잠깐 이야기해볼까 한다. 홍보력을 극대화시키고 시민의 관심을 유도하기 위해 실시한 국제지명초청 현상설계공모에서 여성건축가 자하 하디드(Zaha Hadid)의 비정형 디자인이 당선되었다. 건축물의 유기적인 공간은 중력과 수직·수평이 이루어져야 하는데, 자하 하디드의 설계안을 그대로 실현하는 것은 쉽지 않았다.

불가능해 보이는 비정형 건축물의 시공을 가능하게 한 비법은 무엇일까? 그것은 바로, 설계 프로그램부터 입체적이고 공학적인 설계를 적용한 것이다. BIM은 'Building Information Model'의 약어로 컴퓨터 가상공간 속에서 건물의 모델을 3차원으로 구축 및 설계를 하는 기법인데, BIM 도입으로 자하 하디드의 아이디어를 기술적으로 실현시킬 수 있었다. 4만 5,000여 장의 금속 패널을 감싼 3차원 비정형 건축물을 실현하기 위해 구조해석, 시공공법 및 기술적인 부분 외에도 자연 태양광을 포함한 신재생 에너지의 활용 등 친환경적 부분까지 고려한 건축물이 되었으며, 샤넬의 크루즈 패션쇼가 열리고 각종 행사가 개최되는 세계적인 건축물이 된 것이다. DDP는 여러 분야의 전문적인 기술들이 총 집결되어 만들어낸, 종합예술이 담겨 있는 세계적 건축물이라고 해도 과언은 아닐 것이다.

직업이란

직업의 종류는 1만 3000여 개 가까이 되고, 유사한 것까지 더하면 1만 6000여 개가 넘는다고 한다. 앞으로는 이 수치보다 더 많은 직업들이 생겨날 것이니 보여지는 것에만 집중하기보다는 지금 내가 하고 싶은 것, 즉 꿈이 무엇인지 생각해 보자.

우리나라 청소년 중에 꿈이 없는 친구들이 많고 꿈이 있어도 구체적으로 어떻게 이뤄나갈지 모르는 경우가 많다고 한다. 예전처럼 그냥 장래희망란에 대충 써내는 것이 아니라 많이 고민하고 생각해보자. 과거의 나는 무엇을 좋아했고 무엇을 하고 싶었는지, 현재의 나는 무엇을 하고 싶은지, 무엇을 했을 때 기쁨과 쾌감을 느끼는지, 미래의 나는 무엇을 했으면 좋겠는지 지속적으로 고민하고 구체적으로 생각해 보는 것이다. 무엇보다 내 자신이 무엇을 했을 때 즐겁고 행복한지 생각해보자.

그리고 어떤 분야에서 지속적으로 발전하고 싶은지, 그 분야에서 더 발전하기 위해 열정을 쏟을 수 있는지 등 나를 알아보는 시간을 충분히 가져야 나의 직업을 선택하는 데 현실적으로 도움이 된다. 나는 개인적으로 미래 직업을 선택할 때 눈에 보이는 것이 다가 아님을 말해주고 싶다. 한 우물을 파야 하는 것도 옛말이다. 직업을 선택하는 과정은 도전하고 실패하면서 재밌고 즐거운 무엇인가를 찾아가는 여행과 같다. 나의 지나온 사회생활을 보면 무엇이든 내가 있는 곳에서 최선을 다하고 관심을 놓지 않으면 기회는 언제든 오더라.

내가 건축학과에?

"네가 아빠 딸인데 잘할 거야." 내가 건축학과를 전공하게 된 것은 순전히 어머니의 선택 때문이었다. 어머니의 이 말만이 내가 건축학과에 진학한 이유를 설명할 수 있다. 무기력한 상태가 지속되던 터라

나의 의지와 선택은 아니었지만 유학준비에 실패하자 이 대안을 따르게 됐다.

처음엔 내가 있을 곳이 아니란 생각에 정말 어색하고 어렵고 힘들었다. 그런데 정말 아버지의 피(?) 때문인지 영혼 없이 시작한 학교생활에 조금씩 적응이 되어갔다. 대학을 갈 때 모든 사람이 다 철저하게 준비해서 가는 건 아니겠지만, 난 정말 마음의 준비도 의지도 없었고, 하물며 입학식에도 가지 않았다. 하지만 인간은 환경의 동물이라고 하지 않나. 어느덧 무기력했던 여고시절의 나는 없어지고 건축학과라는 환경에 적응해가는 나를 발견했다.

대학에 들어갈 때 나는 체구도 작고 열정도 꿈도 없었지만 결국 좋은 성적으로 졸업했다. 대학생활을 하면서 자연스럽게 전공과목 성적도 관리하고 자격증도 취득하는 등 점차 건축학도로서의 모습을 갖추어갔다. 미국의 행동심리학자 버러스 프레더릭 스키너(Burrhus Frederick Skinner)가 인간은 환경으로 인해 형성되고, 새로운 환경에 적응하며 더 새로운 환경을 창조해 내는 능력이 있다고 한 말이 맞는 것임을 알았다. 어쨌든 건축학과 환경에 들어간 나는 어느새 목표를 이루고자 하는 환경설정이 된 듯이 생각이 바뀌었고 행동이 바뀌어져갔다.

나의 사회생활

졸업을 하고 설계사와 시공사로 나뉘어서 취업을 나가기 시작할

즈음 공부를 계속할지 직업을 선택할지 고민을 했다. 지금은 교수와 학생이 멘토링 프로그램을 이용하여 좀 더 구체적으로 적성에 맞는 것을 선택하도록 시스템화되어 있지만 그 시절에는 오로지 지도교수 한 분만 있었다.

난 스스로 계획적인 아이디어가 부족하다고 느꼈기에 설계사보다 남성들이 집중되어 있는 시공사를 선택했다. 그 당시엔 여성 기술자로서 입사한 사람이 많지 않았고, 나는 여직원들 사이에서 무슨 특별한 대우를 받는다는 눈초리를 감당해야 했다. 첫 현장에 나가 철근에 무릎이 찍히는 바람에 처음으로 파상풍 주사를 맞아도 보고, 현장작업자들이 볼 때 한낱 애송이로 보였을 것이다. 지금은 누가 무슨 말을 해도 맞받아칠 맷집도 생겼지만, 그땐 말하는 족족 내 마음을 후벼 파서 상심하고 낙심하고 슬펐다.

이론과 실전은 정말 다르고, 학교의 배움과 직장은 더 달랐다. 위기 속에 위기가 오고, 그 시간이 지나가고 나니 그 다음에 기회가 왔다. 힘들 땐 도움의 손길이 있기 마련이다. 말하지 않아도 나의 힘듦을 알아주는 분도 있지만 대부분 말하지 않으면 모르는 경우가 많아서 선배들과의 소통이 중요했다. 좋은 현장소장님도 만나게 되었고, 나를 당신의 새끼라고 하며 챙겨준 본사 건축부 팀장님도 만났다. 나도 후배가 생기면 꼭 이런 선배가 되어야겠다고 다짐했다.

나는 한때는 인복이 없다고 생각했지만 다시 생각해보니 인복이 참 많은 사람이다. 사람은 인연을 무시하면 안 된다. 위기 속에서 만난

인연으로 인해 난 본사 건축팀으로 자리를 옮길 수 있었고 관공서 입찰내역서 작업, 자체 공사물량 적산업무, 내역서 작업, 현장기성 등 건축부서에서 하는 일련의 것들을 경험하게 되었다. 이 시절 나는 열정으로 가득했다. 하지만 여성은 아무리 뛰어난 기술자여도 양육문제에는 장사가 없었다. 일에 무너지는 것보다 아이가 아플 때 무너지게 되고 아이에게 부족한 엄마라고 느껴질 때 정말 말로 다 못 하는 어려움이 생겼다. 그러나 이 또한 지나가야 하는 길이고 언젠가는 지나간다. 기억을 더듬어보면 주변에 늘 좋은 분들이 있어서 견딜 수 있었기에 진심으로 감사하다.

현재는

건축의 영역은 아주 넓다. 현재 나는 건축설계를 비롯해 건설사업관리, BTL, 연구용역 등의 다양한 방법의 서비스를 제공하고 있는 종합엔지니어링 업체에 소속되어 근무하고 있다. 나는 내가 참여한 건축물이나 공간 등을 지나갈 때, 또는 이슈가 되어 보도가 나올 때 참 행복하고 마음 한켠이 뭉클해진다.

최근에는 재개발 재건축 현장에서 감리업무(Construction Supervision)를 담당하고 있다. 감리의 업무 절차는 공사착공단계·공사시공단계·준공단계(사용승인)·감리완료단계로 나눠서 진행된다. 기존의 감리는 설계와 시공현장에서 경력이 있는 기술자들이 대부분 감리업무를 했는데, 국토부가 2016년 시행한 '신규기술자 가점제'를 적용하면서 청년기술자가 감리현장에서 근무를 할 수 있게 되었다. 소위 '젊은 피' 들이 이제 감리업무에 투입되어 신선한 바람이 일어나고 있다. 우리 현장에도 네 명의 청년기술자들이 있는데 입사한 목적들이 다양하다. 이전의 감리시장이 경험이 많은 선배들 위주로 돌아갔다면, 이제는 기존 선배님들과 청년기술자, 그리고 나 같은 낀 세대들이 모두 한 목소리를 낼 수 있어야 한다고 생각한다.

실제적으로 도움이 되는 감리실무 교육이나 매뉴얼 개발, 국토부의 가이드라인이 지속적으로 업그레이드되길 바라며, 감리업계에 발을 디딘 젊은 기술인력들이 든든한 버팀목이 될 수 있도록 제도적 장치와 정책이 마련되길 바란다. 무엇보다 조금 앞선 선배들의 따뜻한 격려와 응원이 후배들에게 큰 힘이 될 것이니, 우리 모두 나부터 시작하고 실천해 간다는 마음으로 함께 했으면 좋겠다.

나의 어머니가 나의 직업으로 준 것이나 다름없다. 또 잊지 못할 내 인생의 좌우명이 된 말도 어머니가 남겨준 말인데 건축학과 원서를 내고 와서 해주신 말이다. "여자도 남자와 다르지 않다. 남자에게 의지하지 말고 일하는 여성이 되어야 한다. 비록 일을 안 해도 되는 상황이 되더라도 여자도 기술을 가지고 있어야 한다." 그래서 좀 늦게 시작한 석사 과정과 기술사 과정을 잘 마무리할 수 있었다. 지금은 부족한 나에게 자문의견을 듣고 싶어 하는 곳들도 생겨났고, 강단에서 학생들과 만날 수 있는 기회도 생겼다. 앞으로도 최선을 다하는 삶을 살아 하늘에서 지켜볼 나의 어머니를 미소짓게 하고 싶다.

Section 06

인테리어 및
공간기획
멘토들의 이야기

하숙녕

홍익대학교에서 공간디자인 박사학위를 취득했다. 미국 New York, Myunggi Sul Design, ㈜Axis Design, ㈜삼성중공업 프리랜서를 거쳐 현재 상명대학교 스페이스디자인 전공 교수로 재직하고 있다. 주요 연구 및 저서로는 기초실내디자인, 어린이집 유형별 실내 디자인 개발사례, 지속가능 디자인의 개념 확장 해석에 관한 연구 등이 있으며, 주요 실무 프로젝트로는 보광 휘닉스파크 콘도 및 호텔, 구의동 쉐르빌주상복합, 남인사마당 및 인사 동길 공간환경 개선, 국공립보육시설 실내 및 옥외 환경디자인 개발사업 등이 있다. 현재 경기도 공공디자인위원회, 충남연구원, 양주시청 등에서 위원으로 참여하고 있으며, 학회 활동으로는 ㈔한국실내디자인학회, ㈔한국기초조형학회 이사 및 ㈔한국공간디자인학회의 상임이사로 활동 중이다.

인테리어 디자인이란

하숙녕
상명대학교 교수

현대의 실내디자인

코로나19 여파에도 인테리어 카테고리 앱 사용자가 고공행진하고 있고, 코로나 탓에 홈퍼니싱 시장이 뜨는가 하면 건축과 인테리어 분야에까지 영향력을 끼치는 등 매우 고무적인 현상이 아닐 수 없다. 특히 1인 가구의 수는 점점 증가하고 있으며, 리모델링 시장 역시 그 규모가 점점 확대되고 있는 현 시점에서 실내디자인의 인기는 지속될 것으로 보인다.

이와 같이 현대의 실내디자인은 건축과 실내에 이르기까지 폭넓게 적용되고 있으며, 인간이 생활하는 공간에 사용 목적에 따라 그 기능을 우선으로 하여 창의적이고 조형성 있는 디자인으로 승화시킨다.

국내외 실내디자인 교육의 역사

국내의 실내디자인 분야가 대학 교육에 본격적으로 도입된 시기는 1988년 상명대학교에 실내디자인학과가 최초로 개설되면서부터였다. 그 이후 건국대, 호서대, 한양대, 국민대 등으로 확산됨으로써 전문적인 분야로 자리매김하기 시작하였다. 이전에도 대학 내 인테리어디자인 분야는 개설되어 있었으나, 주로 산업, 공업, 장식미술 등 전공 내 일부 교과로만 학습되어 실내디자인 전문가를 육성하기에는 다소 부족함이 많았다. 반면, 한국에서도 많이 알려져 있는 미국의 유명 예술대학인 프랫[Pratt Institute(뉴욕)]은 1887년에 개교한 대학으로 한국의 대학들보다 무려 100년이나 먼저 인테리어 디자인 교육이 시작된 매우 역사가 깊은 대학이다. 특히 프랫대학의 인테리어 디자인학과는 역사만큼이나 서열로도 미국 내 대학에서 1, 2위를 차지할 정도로 명성이 높다. 이곳을 졸업한 세계적인 디자이너로는 '랄프 로렌' 본점을 디자인한 나오미 레프, '놀(Knoll)'의 가구 디자이너 브루스 한나 등이 있다.

실내디자인 진출 분야별 직업

실내디자인 분야에는 인테리어 디자인, VMD(비주얼머천다이징), 실내코디네이트로 구분할 수 있다. 우리가 잘 알고 있는 인테리어 디자이너는 직접 설계한 다양한 공간에 대하여 마감재를 계획하고,

컴퓨터 소프트웨어를 활용하여 공간의 이미지를 시뮬레이트화함으로써 실재감을 더해주어 공간의 멋스러움을 연출한다. 비주얼머천다이징(VMD)은 기업의 브랜드의 가치를 높이고 매출을 높이기 위해 시각적인 요소들(POP, 조명, 쇼윈도우 디스플레이 등)을 활용하여 디스플레이하는 방법으로 상품을 돋보이게 하는 디자인 전략을 설계하는 직업이다. 건축 및 환경디자인 분야는 건축설계, 공공디자인, 도시디자인, 환경디자인, 조경디자인으로 진출할 수 있으며, 주로 건축, 도시, 환경을 포함하는 공공의 디자인 및 설계의 분야로 지속가능한 공공을 위한 시설과 조경까지도 아우르는 포괄적인 직업군이다. 공간연출 및 기획 분야는 기업홍보 및 전시기획, 큐레이트, VR/AR 공간디자인, 공간프로그래머로 구분되며 주요 소프트웨어(SketchUp, Rhino, Cura, Lumion, After Effects)를 활용하여 공간, 가구, 조명에 대한 3D, 4D적 표현 능력이 가능하므로 다른 분야의 직업들과는 매우 차별화되고 돋보이는 직업이라 할 수 있다. 그 밖에 관련된 분야로는 가구디자인, 조명디자인, 컬러리스트, 영화 및 연극의 무대미술 디자인, 디자인직 공무원 등 분야가 대표적인 직업군이라 할 수 있다.

〈표 1〉 실내디자인 분야별 직업군

진출 분야	직업군	프로젝트 사례 이미지[1]
실내디자인	인테리어디자인 VMD(비주얼머천다이징) 실내코디네이트	
건축 및 환경	건축설계 공공디자인 도시디자인 환경디자인 조경디자인 테마파크 디자인	
공간 연출 및 기획	디지털미디어 전시디자인 기업홍보 및 전시기획 VR/AR 공간디자이너[2] 큐레이터	
관련 디자인	가구디자인 조명디자인 컬러리스트 영화 및 연극의 무대미술 디자인	
행정, 홍보, 관리	디자인직 공무원, 건설회사 및 기업의 디자인 홍보실 문화 콘텐츠 개발, 이벤트, 부동산 개발	
기타	언론 및 출판, 저널리스트, 컨설턴트, 학예사	

1   본고가 직접 현장 촬영 및 디자이너로부터 지원받은 이미지를 사용하였음

2   4차산업혁명 및 현대인의 라이프스타일 변화에 따른 새로운 방식의 공간환경 구현을 위한 VR·AR디자인 전문가

실내디자인 관련 자격증

자격증은 디자인전공자와 비전공자에 따라 취득해야 하는 자격증의 종류가 달라질 수 있으니 면밀히 검토한 후에 도전해볼 것을 제안해 본다. 또한 디자인 업무 중에도 관리업무를 다룰 수 있으므로 문서자격증도 추천해본다.

대표적인 실내디자인분야 관련 자격증으로는 실내건축기사[관련학과 4년제 졸업자(예정자), 관련업종 4년 이상], 실내건축산업기사[관련학과 2/3년제 졸업자(예정자), 관련업종 2년 이상], 컬러리스트 자격증 등이 있다.

인테리어 설계

Kim byoung moo

김령우

프랑스 파리 ACADEMIE CHARPENTIER 실내건축학 석사학위를 취득하였고, 가천대학교 실내건축학 박사학위를 취득하였다. 현재 가천대학교 실내건축학과 겸임교수이며, KOSID 한국실내건축가 협회 이사 및 한국여성 건설인협회 회원이다. 주요 디자인 프로젝트로는 2022-LH 인천 검단지구 AA35-1, 2BL 토탈디자인 설계와 인천영종도 복합공공시설 기본, 기획설계, 서울재활병원 설계시공, 2021- 서경대학교 유담관 실습실 설계시공 등이 있다.

서울재활병원의
보수시공을 하며

김령우
가천대학교 실내건축학과 겸임교수

보수시공을 의뢰받은 서울재활병원

서울재활병원은 1998년 4월 21일, 사회복지법인 엔젤스헤이븐(舊 은평천사원) 산하 기관으로 개원하였다. 뇌졸중, 척수손상, 뇌성마비, 발달장애, 근골격계 질환, 통증 등으로 고통받는 환자들의 재활을 위해 재활의학 전문의, 물리치료사, 작업치료사, 임상심리사, 언어치료사, 재활전문 간호사, 의료사회복지사 등 다양한 분야의 전문가들이 함께 통합 서비스를 제공하고 있는 재활전문병원이다.

서울재활병원은 국내 유일의 생활유형별, 생애주기별 평생 재활관리 시스템을 적용하여 관리하고 있으며, 국내 최초로 소아 낮 병동을 개설하고 청소년 재활전담팀을 운영하고 있다. 이를 바탕으로 전문적인 의료서비스와 더불어 심리·사회·경제·가족 문제를 포함한 전인적 케어를 제공하여 가정과 사회로의 성공적인 복귀를 이끌고 삶의 질을 높이기 위해 노력하고 있다. 더불어 서울시와 보건복지부로부터 전문병원 유일의 서울시 지역 장애인 보건의료센터와 제1기 재활의료기관(회복기병원)으로 지정되어 지역사회와 연계해 환자 중심의 재활의료기반을 구축하고 있다.

서울재활병원은 의료사회복지팀과 가족지원센터가 치료전문가들과 함께 가옥구조 개선사업, 중도장애아동 학교복귀 사업, 뇌졸중 멘토링, 장애청소년 캠프 등 사회복귀 기반의 재활치료와 보호자 멘토링, 형제자매 프로그램, 가족역량 강화교육, 가족심리 상담 및 치료 등의 다양한 프로그램으로 빠른 사회복귀를 목표로 재활의료 서비스를 제공한다.

또한 국내 국·공립병원, 민간 재활병원, 보건소 등 각 기관에 재활시스템을 공유하고 해외 재활의료 소외국가에 재활시스템 교육과 재활의료진을 파견하여 시스템 정착을 지원하고 있다.

서울재활병원은 신체의 기능적 재활을 넘어 환자의 가족을 포함한 전인적인 재활을 목표로 하고 있으며, 국내 재활의 새로운 패러다임을 제시하고 재활의 본질을 실현하는 재활전문병원이다.[1]

1   2022년 07월 03일 발췌 : 서울재활병원 공식 홈페이지 http://seoulrh.mediinside.net/

인테리어 부분시공

은평구 갈현동에 위치한 서울재활병원은 재활이 필요한 환자들에게 좀더 쾌적한 공간에서 재활치료를 할 수 있도록 보수를 병행하며 치료 및 진료를 진행하고 있다. 현재 조금 더 여유 있는 공간에서 환자들을 수용하고자 서울재활병원 새건물 추진위원회가 설립되어 있으며 이번 공사는 갈현동 본관 1층과 5층의 부분 공사로, 노후되고 낙후된 시설을 보수하여 환자들에게 조금 더 쾌적한 공간을 마련해 주고자 하는 재활병원의 노력이 반영되는 공사가 진행되었다.

병원이 문을 닫는 기간은 주말뿐이고 이마저도 중증환자들은 병원에 입원을 해 있는 상태여서 배식차가 하루 세 번 왕복으로 지나다녀야 하는 통로를 확보하며 공사를 진행해야 했다. 2022년 6월 3일 금요일 저녁부터 6월 6일 월요일까지 3일이 조금 넘는 시간이 우리에게 주어졌다. 먼지와 소음은 시공에서 빠질 수 없는 부분이었기에, 환자들이 입원해 있는 병원에서는 더욱 조심하여 진행하는 부분이다. 또한 부분공사는 기존의 공간을 상하게 해서는 안 되기에, 보양에 더욱 신경을 써야만 했다.

서울재활병원 1층 & 5층 인테리어 부분시공 완료

앞의 공사는 2022년 6월 3일 금요일 저녁 6시부터 철거 및 보양을 시작으로 2022년 6월 4일 토요일, 6월 5일 일요일, 6월 6일 월요일 저녁 11시까지 이루어진 공사이다. 이곳은 병원이다. 재활이 목적인

서울재활병원 1층 & 5층 인테리어 부분시공 완료

	시공전	시공후	반영 사항
1층 엘베 앞			DID 설치
5층 엘베 앞			DID 설치
5층 홀			어항 제거
5층 복도			벤치 설치 DID 설치

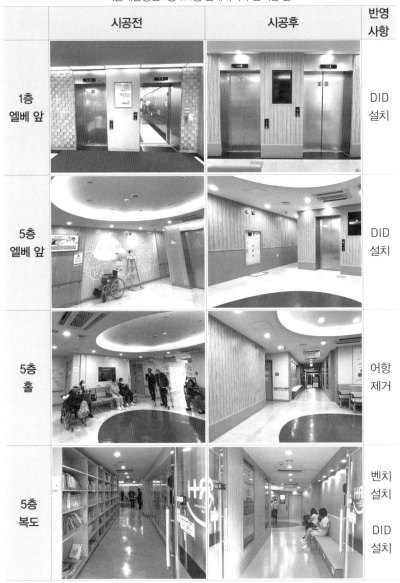

기존 하부 걸레받이   공사후 걸레받이

장애로 거동이 불편한 환자들이 많이 있는 곳으로 휠체어 사용이 많은 곳이어서 휠체어로 까지는 코너가 발생한다. 그래서 이를 보완하고자 걸레받이를 기존보다 높게 하여 총 300밀리미터로 하고, 병원이니만큼 불연재인 콘크리트 보드 중 내장재로서 사용마감이 깔끔한 로얄 콘보드를 사용하여 마감하고, 그 위에 메탈로 코너를 보강하여 마감하였다.

　디자이너로서 클라이언트의 니즈를 반영하여 최상의 효과를 주어진 기간 내에 합리적인 가격으로 시공해 주는 것은 중요한 역량 중 하나라고 생각한다. 또한 사용자의 생활패턴을 고려하여 그들에게 편안함을 주고 아름다움을 줄 수 있는 공간을 디자인하는 것은 디자이너로서 자부심을 가질 수 있는 일이 아닌가 생각한다.

인테리어
시공

Son Jung Ran

손종란

가천대 디자인대학원에서 공간연출 미술학 석사학위를 취득하였고, 현재 한국여성 건설
인협회, KOSID 한국실내건축가협회, 한국호텔진흥협회, 서울 재활병원 새병원건립 추진
위원을 맡고 있다. 한국여성건축가협회 부위원장, 한국여성경제인협회 총무이사(경기지
회), 서울시 동작구 건축위원회 디자인 심의위원으로 활동하였다. 주요 디자인 프로젝트로
는 2022-LH 인천 검단지구 AA35-1, 2BL 토탈디자인 설계, LH 도선동 청년주택 실시설계,
2021-경남고성 신축 주택단지 기획설계, 서경대학교 유담관 실습실 설계시공 등이 있다.

현장시공은 끝나도
끝난 것이 아니다

손종란
에스디엔코 대표

시공현장의 크고 작은 변수는 너무 많아 이루 다 나열할 수 없다. 특히 가장 많이 하고 오래한 주택시공은 신경을 쓰고 정신을 차려도 실수가 생기곤 한다. 최근에 시공현장에서 발생한 사고를 전해보려 한다.

2021년 코로나가 한창 기승을 부리던 어느 가을, 단풍들이 더욱 짙게 물들어가던 어느 토요일 서초구의 30년 정도 된 단독주택의 시공을 마쳤다. 클라이언트와 아쉬운 작별인사를 말하고, 한 달간의 공사를 마무리하였다.

"아쉬운 안녕"이라는 표현은, 디자인에 대하여 매일 이야기하고 조율하며 시공 전부터의 미팅을 포함한 공사기간 동안 끈끈한 '우정' 같은 '정'이 생겨버렸기에 자연스럽게 나온 표현일 것이다. 주말도 없이 달려온 공사에 꿈같은 주말 휴식을 보내고, 새로운 주간이 찾아왔다. 그 새로운 월요일 아침 10시쯤 헤어지기 아쉬워했던 클라이언트에게 전화가 왔다. 그녀는 집에 문제가 있다고 하였고, 집에 와서 이야기하자고 하였다. 무슨 일인지 걱정스러운 마음에, 급하게 차를 몰고 서초구 현장으로 갔다.

'그 문제'라는 것은, 조금 심각? 아니, 너무 죄송한 사고가 벌어진 것이었다. 그 사고는 이러했다.

토요일 모든 공사상황을 점검한 클라이언트 부부는, 공사로 인한 한 달 간의 타지생활로 피곤함에 일찍 잠에 들었고, 다음날인 일요일 아침식사 준비를 하러 주방에 들어가 30년 가까이 사용한 그 밥맛 좋다는 코끼리 밥솥의 코드를 콘센트에 꽂는 순간 콘센트에서 스파크가 일어나며 연기와 그을음이 올라왔다고 한다. 코드를 급하게 뽑아, 큰 화재는 일어나지 않았지만, 이 사건을 어떻게 할지 고민하다가 이내, 너무 이른 일요일 아침이었기에 우리(인테리어 담당자)에게 전화하는 것이 민폐일 것 같아 연락하지 않았다고 한다. 다만, 배는 고팠기에 급한 대로 집 밖으로 나가 햇반을 두 개 사왔다고 한다. 70이 가까운 나이의 부부는 아침에 밥을 드시고 싶었던 것이었다. 그렇게 헐레벌떡 나가 햇반을 사와 전자렌지에 돌렸는데 이제는 전자렌지가 힘없는 소리를 내며 작동을 하지 않는 것이었다. 그들은 일요일 아침부터 나가서 식사를 해결해야만 했다. 결국 우리의 70이 가까운 클라이언트 부부는 집밥을 먹지 못하고 일요일 내내 외식을 해야만 했다. 그렇게 일요일 밤을 보내고 월요일 아침, 너무 일찍도 아닌 10시에 전화를 해서 이 사실을 알린 것이다. 이렇게 죄송할 수가!

시공현장은 언제나 확인하고, 또 확인해야 한다

사고의 원인은 전기공사였다. 그녀가 30년 가까이 사용한 코끼리 밥솥은 일본제품으로 110V를 사용하여야 하며, 220V를 사용하는 한국에서는 따로 변합기를 사용하거나, 별도의 콘센트 시공이 되어 있어야 사용할 수 있는 제품이다. 물론 그녀의 단독주택에는 이미 시공이 되었기에 별도의 공사를 할 필요가 없었다. 그런데 시공 마지막 전기반장님이 바로 옆에 있던 220V와 바꾸어서 콘센트 마감을 한 것이다. 콘센트 모양이 220V와 110V는 엄연히 다름으로 클라이언트는 의심의 여지없이 110V코끼리 밥솥을 꽂으셨고 내부에 220V의 전압이 흐르고 있다는 것은 알 길이 없으셨던 것이다. 그래서 전기밥솥을 꽂자마

2021 서초구 빌라 인테리어 시공

자 스파크와 그을음이 올라온 것이다. 그럼 햇반을 돌리고자 했던 전자렌지는 220V이지만 110V에 꽂혀 힘없이 멈춰버린 것이다. 그렇게 30년 가까이 사용한 그 밥맛 좋은 코끼리 밥솥은 우리의 실수로 완전히 고장이 나버렸다. 하지만 처음에 이유를 몰랐던 터라, 주방가구 모두를 들어내고자 주방팀은 도착해서 주방가구 내부에 그릇들을 덜어내고, 전기반장님도 헐레벌떡 뛰어오고 아수라장이 된 것이다.

너무도 어이없는 실수이기에 시공 경력 20년이 가까운 나의 입장에서는 클라이언트에게 정말 죄송스러운 일이었다. 공사 내내 날카롭게 날을 새우고 조심 또 조심하였는데, 결국 마지막에 이런 사단이 나버린 것이다. 다행히 다른 문제는 없이 전기는 다시 잘 마무리했고, 너그러이 이해해 준 클라이언트 분들께 죄송해하며, 밥솥을 들고 나왔다.

시공을 하면서 벌어지는 크고 작은 사고들 및 변수는 언제나 나에게 현장을 꼼꼼히 둘러보게 하는 능력을 향상시켜 준다. 또한, 나를 디자이너로서 더욱 완벽하게 만들어주는 과정이라고 생각한다. 이번에 소개한 현장과 더불어 더 나은 디자이너로 발전하는 디자이너 손종란을 만들어본다.

번외

클라이언트는 30년 가까이 사용한 밥솥을 계속 사용하길 원했다. 그들이 30년간 먹어온 밥맛을 하루아침에 바꾸기는 힘든 일이었다. 그 부분은 너무도 이해가 되는 부분이기에 AS를 받아서 수리하고 사용하길 바란다는 희망을 꼭 해결해 드리고 싶었다. 그래서 한국 코끼리 밥솥AS팀에 전화해 본 결과 이 제품을 수리할 수 없다고 하였다. 이런 청천벽력 같은 소식! 결국 일본에 이 제품을 보내어 수리를 하려고, 일본 본사에 전화를 해보니, 이 제품은 1994년 단종되었고, 1997년부터는 이 제품과 관련된 부품들조차 생산이 중단되어 수리가 불가능하다는 답을 받았다. 결국 우리는 이 제품과 가장 밥맛이 비슷한 제품을 소개받아 새로 구입하는 방법을 선택하였다. 두 달의 시간을 기다려 일본에서 새 제품으로 구입하여 클라이언트에게 다시 전달해 드렸다.

공간기획

이가연

건국대학교에서 건축공학과를 졸업하고 동대학교 일반대학원 도시재생학과 석사학위를 취득하였다. 큐빅디자인연구소에서 건축 인테리어 실무를 시작하였으며 E-LAND, SHERATON PALACE, KOLON LSI에서 자산개발, 호텔 및 상공간을 담당하였으며 이후 부동산 시행사 KnB에서 상품개발업무를 수행하고 있다. 현 한국여성건설인협회 이사, 실내건축가협회 이사로 활동하고 있으며, 2021년 IFI한국 인테리어 디자이너 멤버로 인증받았고, 2020년 실내건축가 협회 공로상을 수상하였다

디자인은
돕는 것이다

이가연
KnB companies 차장

당신의 꿈은 무엇인가요?

나는 아직도 나의 꿈을 모르겠다. 누군가 저에게 꿈을 물어보면 나는 늘 그렇게 모르겠다고 대답했다. 아직도 정말 모르겠으니까. 단지, 건축과 인테리어를 베이스로 연관되었던 지금 하고 있는 일들과 과거에 했던 일들이 늘 즐겁고 재미있었다. 힘들었던 일들도 시간이 지나고 난 지금에서야 또 다른 일들을 겪으며 대처가 더 수월해지고 그때는 알 수 없었던 뒤늦게 오는 깨달음에 가끔은 이마를 탁 치고는 공간기획 실무진행을 한다.

하지만 늘 분명한 한 가지가 있다. 나는 실무를 하면서도 동시에 늘 새로운 분야에 도전했으며 지적 호기심을 채우고, 해결하려고 노력했다. 그와 같은 나의 성향은 일이 힘들고 괴로울 때마다 이미 학습되었던 해결책과 실마리를 연결하여 프로젝트를 완수하고 지나고 나면 웃을 수 있는 추억 같은 갈피가 되어 차곡차곡 쌓이는 것 같았다.

선배들을 녹차라고 생각하자

그래서 실무를 막 시작하는 사회 초년생들에게 권하고 싶은 몇 가지를 전하고 싶었다. 늘 존경하는 나의 멘토들과 한국여성건설인협회의 여러 선배님들도 비슷한 말씀을 하셨지만 나에게 또한 일이란 역시 끊임없이 배우고 성취하고 쌓는 것이다. 실무를 대할 때 늘 '왜? 무엇을? 어떻게?'라는 질문을 갖는 습관을 들이기를 권한다.

나는 이런 습관과 동시에 어려우면, 모르면 솔직하게 끊임없이 물어보고 확인한다. 물어보고 이해하고 진행하는 것이 실무의 기초이자 전부라고 생각하기에 많이 물어보는 것을 권한다. 갓 입사한 신입사원들은 대게는 묻기를 매우 어려워한다. 그런데 이렇게 물어보는 것은 사회 초년생들뿐만이 아니라 현업에서 업무를 하는 실무자들에게도 상당히 중요한 자세라고 생각한다. 그것이 소통의 기본이라고 생각하니 때문이다. 실무에서 지식보다는 소통이 더 중요한 상황들이 생각보다 많이 있다.

나는 간혹 신입사원들에게 "선배들을 녹차라고 생각하세요. 우려 먹어야죠!"라며 농담 섞인 말을 전달하곤 한다. 그럼 확실히 긴장도 풀리고 잘 물어보게 되어 집중도가 높아지는 것 같았다. 나만 느끼는 것일 수도 있겠으나….

일을 재미있게!

무엇보다 권하고 싶은 말은 일을 재밌게 했으면 좋겠다. 며칠 전, 나는 어떤 책에서 '즐기는 자는 실력이 있는 자를 이길 수 없다'는 글귀를 봤는데 내 생각은 좀 다르다. 실력이 느는 것을 즐기기를 권한다. 오죽하면 피할 수 없으면 즐기라는 말이 있겠는가. 그렇게 버티듯이 즐기듯이 무엇보다 열심히 시간을 보내면 시간은 반드시 보답해주는 날들을 선사한다.

그렇게 호기심 많고 꿈도 여전히 많은 나는 건축 인테리어 아틀리에, 건설사를 거쳐 현재 부동산시행사에서 공간 개발과 컨텐츠 디자인을 담당하며 새로운 호기심을 채우고 있다.

이 글을 읽게 되는 사회 초년생이나 실무자분들에게 조금이나마 도움이 되길 바라는 심정으로 몇 자 적어보았다.

오늘 하루도 잘해내시길!

이 글을 작성 중인 지금, 개나리가 조금씩 피어나는 봄이 시작되고 있다. 건축 인테리어 분야에서 나름 치열하게 생활했고, 명확한 솔루션을 갖고자 실무를 많이 했는데 그러다보니 야근이 잦았다. 그때 늦은 퇴근길을 비추던 가로등과 주변의 나무들이 참 아름답다는 생각을 하곤 했다. 꽃은 절기를 잊지 않고 우리를 찾아온다. 이 글을 읽는 모든 분들이 어제보다 나은 오늘을 보냈길 바란다.

공간기획

조은하

건설회사, 인테리어사, 가구사 등 건설관련 다양한 분야에서 활동하였다. 산업디자인을 전공하였고 ㈜코오롱건설 상품개발팀에 입사해 인테리어디자인 업무를 수행하였으며, ㈜우아미가구에서는 가구설계 및 디자인 업무를 수행하였다. 현재 욕실전문기업 ㈜새턴바스에서 욕실디자인 전문가로 욕실공간의 기획 및 디자인 업무를 맡고 있으며, 한국여성건설인협회 이사, 실내건축가협회 이사로 활동 중이다.

욕실공간,
주거공간의 중심이 되다

조은하

㈜새턴바스 실장

주거공간 & 욕실공간의 변화

코로나 팬데믹의 장기화로 재택근무 및 집에서 생활하는 시간이 많아지면서 주거 트렌드의 변화가 일어나고 있다. 개인의 개성과 삶, 가치가 반영된 공간으로 바라보려는 시각이 늘어나고 있다. 워라밸의 가치를 집 밖에서가 아니라 집 안에서 찾기 시작한 것이다. 어떤 집에서 살고 싶냐는 질문이 어떤 삶을 살고 싶냐는 질문과 같다고 해도 과언이 아닐 만큼, 집은 더 이상 단순한 공간이 아니라, 나만의 라이프스타일을 표현하는 아이덴티티이자 하나의 세계이다.

코로나19로 바이러스에 대한 불안감 및 위생에 대한 관심도가 높아지면서 주거공간의 중심이 거실에서 주방, 이제는 주방에서 욕실로 바뀌면서 욕실공간의 다양한 변화가 일어나고 있다. 우리나라 욕실은 습식욕실로 편하게 물청소를 할 수 있는 장점이 있지만, 이에 따른 단점도 많다. 항상 바닥에 물기가 있기 때문에 습도가 높고 미끄러짐에 취약하여 낙상사고 위험이 높은 공간이다. 통계자료에 따르면 고령자 안전사고 10건 중 6건이 '낙상사고'로 나타났다. 고령화 사회로 접어들면서 시니어 세대에 맞는 주거공간 개선 및 욕실공간의 개선이 절실히 필요하다. 또한 물때와 곰팡이로 위생적이지 못해 최근에는 습식욕실과 건식욕실의 장점을 살린 '반건식욕실'이라는 새로운 개념의 욕실로 진화하고 있다.

반건식욕실 – 습식공간과 건식공간 분리

집은 삶의 가치를 담아내는 그릇이라고 생각한다. 이젠 틀에 박혀 있는 획일화된 구조의 공간이 아닌 시대흐름에 따른 개인의 라이프

욕실리모델링 – 파우더룸과 욕실공간 통합

스타일에 맞는 차별화된 맞춤형 주거상품 개발과 혁신이 필요한 시기이다. 각자 삶의 다양함과 특별함 속에서 누리는 생활의 여유, 세심한 배려를 통한 감동, 공간과 공간의 새로운 연결에 대해 많이 고민하고 있다.

미래욕실

현재 욕실은 최소한의 기능을 갖춘 협소한 화장실 개념의 욕실에 불과하다. 앞으로의 미래욕실은 어떻게 바뀌게 될까? 2019 코리아 빌드 트렌드 세미나에서 '미래욕실 Beyond Bath'를 주제로 강연을 진행했다. 강연에서 소개한 3가지 욕실 유형은 다음과 같다.

첫째, Universal Bathroom(생애주기별 맞춤형 유니버설 욕실). 어린이, 노인, 장애인 등의 니즈에 특화된 맞춤형 욕실이다. 유니버설 디자인을 고려한 설계치수를 반영하고 휠체어가 들어가기 편하도록 욕실 도어폭은 0.9미터 이상을 유지하며 슬라이딩도어로 적용 후 욕실공간과 실내공간 경계에 단차를 없앤다. 또한 휠체어 회전반경을 고려하여 최소 지름을 1.2미터 이상 반영한다.

둘째, Healing Bathroom(위생은 물론 휴식과 재충전이 가능한 머물고 싶은 힐링 욕실). 욕실의 본질은 휴식과 치유 그리고 즐거움이다. 하루의 시작과 마무리가 이루어지는 공간인 욕실은 오래 머물며 휴식을 할 수 있는 안락한 공간, 즉 '또 하나의 방'이어야 한다. 또한 시대가 빠르게 변화되고 1인 가구가 늘어나면서 욕실은 독립적인 공간에서 '리빙공간+거실공간+욕실공간'의 통합으로 거실과 욕실의 경계가 없는 또 하나의 리빙공간으로 바뀌고 있다. 욕실은 건강과 휴식을 보장하는 '오아시스'와 같은 공간으로서 새롭게 태어나야 한다. 욕실이 바뀌면 삶이 바뀔 것이다.

셋째, Smart Bathroom(건강까지 생각하는 IOT기술을 접목한 스마트 욕실). 이젠 욕실에서 건강상태 및 신체 바이오리듬 체크가 가능하고, 욕조의 물 온도도 핸드폰으로 설정할 수 있다. 양변기는 변기 배설물 분석을 통한 건강진단뿐만 아니라 레포트 주치의 자동전송으로 데이터 관리도 가능하다. 스마트 미러는 안면인식을 통한 피부톤 측정이 가능하고, AI연동을 통한 각종 기능을 제공한다. 앞으로 욕실은

IOT 기술을 접목한 스마트 욕실

가족 구성원의 문화가 오롯이 반영되고 삶의 가치를 상향하는 지속가능한 문화적 공간으로 자리해야 한다.

작지만 흥미롭고 재미있는 공간, 욕실

대학교 졸업 후 욕실전문회사 ㈜새턴바스 연구개발실에 입사하고 욕실제품개발 업무를 진행하면서 욕실의 매력에 점점 빠져들었다. 집이 사람의 삶을 담듯 욕실은 혼자만의 삶을 담는 공간이다. 당시 나에게 욕실은 작지만 흥미롭고 재미있는 공간으로 다가왔다.

그 이후 코오롱건설 상품개발팀에 재직하며 수납특화 브랜드인 'KANKAN'으로 모델하우스 인테리어 업무를 진행하면서 불편한 욕실의 문제를 개선하려고 노력하였다. 당시만 해도 욕실은 거실이나 주방 등 다른 주거공간에 비해 특별한 공간이 아니었다. 이제 시대가 변화하면서 욕실에 대한 관심이 높아지고 점차 고급화되고 있으며 주거공간에서 욕실은 점점 중요하고 특별한 공간으로 자리매김하고 있다.

필자는 6년 전 욕실전문가가 되기로 마음을 먹은 후 인테리어 업무를 뒤로 하고 대학교 졸업 후 다녔던 첫 회사에 다시 입사하여 욕실전문가로서의 삶에 도전하였다. 코로나로 인해 비대면 미팅을 선호하고 있어 가상 욕실공간 인테리어를 미리 경험할 수 있는 욕실특화 3D 프로그램 (VISOFT)을 도입하여 VR · AR 서비스 등을 통해 다양한 욕실공간을 구현하고 있다.

도전하기에 있어 늦은 시기란 없다고 생각한다. 디자인은 열정을 가지고 끊임없이 도전하는 사람의 것이다. 욕실 디자인이 좋아 시작

호텔 욕실 디자인 (VISOFT 3D 이미지)

고급주택 욕실 디자인 (VISOFT 3D 이미지)

했는데 이젠 사람의 건강과 행복, 치유에 도움을 줄 수 있는 일을 하게 되어 기쁘다. 늘 그렇듯 디자인은 새로운 도전이다. 즐겁게 도전하고 개발하는 게 행복한 사람들에게 감히 도전해보라고 권하고 싶다.

공간연출

염태연

국민대학교 디자인대학원에서 실내설계를 전공하였고, 버텍스디자인의 디자인팀을 거쳐 HDC현대아이파크몰에서 리빙백화점, 패션백화점 등 오픈 프로젝트의 환경디자인 및 공간연출 VMD를 진행하였다. ㈜롯데자산개발에서 롯데월드몰, 롯데몰 김포공항, 롯데몰 은평, 롯데몰 수지 등 복합 쇼핑몰, 주거상품을 포함 다수의 상공간에 관한 그랜드 오픈을 위한 공간연출과 가구, 실내조경, 미디어 컨텐츠의 업무를 진행하였다. 현재 신생 부동산개발회사에서 주거상품개발 및 공간연출 등의 디자인 총괄을 하고 있다.

호기심은 디자인의 시작이며, 열정은 프로젝트를 완성시킨다

염태연

㈜퍼르스트 부장

필자는 인테리어 아틀리에에서 인테리어를 시작하여, 용산의 현대 아이파크몰에 입사하게 되었다. 그땐 아이파크몰이 한창 전자상가에서 복합쇼핑몰의 형태로 리노베이션을 진행 중이었다.

너무 바빴고, 환경디자인팀에서 인테리어를 지원하는 업무를 하게 되었다. 입사후 2~3년간을 많이 바쁘게 보냈던 것 같다. 밤을 지새우며, 포진에 진물이 나서 힘들었던 현장이 오픈하고, 나는 업무를 전환하게 되었다. 오픈 후 VMD의 역할을 담당해야 할 누군가가 필요했고, 그 업무를 처음 맡게 되었다. VMD는 상환경의 데코레이션(실내조경, 가구, 포토존, 상품연출 등)을 하는 업무로 인테리어와 관련되기도 하지만, 마케팅 전략이라고 볼 수 있다.

이후 롯데자산개발에 입사하여 복합 쇼핑몰 및 리조트 등 부동산

개발업의 디자인팀에서 10년 동안 근무하였다. 쇼핑몰에서의 VMD 는 프로젝트가 오픈하기 전부터 전략을 짜서, 현장설치하고 오픈할 때까지의 업무를 하게 되는데, 6개월 전부터 현장에서 협의 및 상주 하며 현장에서 부딪쳐가며 준비를 하여야 한다. 설계는 여자들의 비율이 있는 편이지만, 현장은 좀 다르다.

건설현장의 공사담당들과 (대부부이 남자) 함께 협력하며 일한다는 건 처음엔 어려웠지만, 시간이 지날수록 업무를 잘 풀기 위해 다양한 시도를 하였다. 술자리에서 남자 못지않게 마시고, 남자같이 옷도 입어보고, 거친 현장 설치도 직접 하곤 했다. (그러나 결국 여성과 남성은 다르다는 걸 인정했다. 우리는 부드러운 카리스마로 승부해야 한다는 결론을 나중에 내리게 되었다.)

롯데몰 수지 그랜드 오픈

결혼도 뒷전으로 하고 프로젝트별 현장 근처에 숙소를 얻어가면서 몇 개월씩 일에 몰두해야만 하는 상황에서 몇 번씩 그만두고 싶은 마음이 들면서도 그랜드 오픈 때 몰려드는 고객과, 내가 기획하고 만든 공간에서 사진찍고 행복해 하는 모습을 보면서 성취감에 취해 자발적으로 또 다시 프로젝트를, 또 그랜드 오픈을 하겠다는 마음이 불끈 달아올랐던 것 같다. 그러면서 알았다. 아!! 이건 내 천직이구나.

나의 휴대전화에는 이곳저곳을 찍어놓은 사진으로 가득하다. 경쟁사 자료조사 사진부터 개인적인 모임으로 갔던 커피숍 한구석의 풀한 포기까지 사진은 다양하다. 언제나 시선은 인테리어 마감과 동선의 의도, 디자인 전략이 무엇인지, 왜 이런 의자를 썼을까? 어떤 공정으로 이렇게 마감이 완벽할지? 컬러의 선택은 왜 저렇게 했는지? 요즘 전시는 미디어가 대세인데 그 컨텐츠의 작가는 누구인지? 등등 항상 궁금했었다. 나의 호기심은 누적이 되었고, 마케팅과 환경디자인을 오가는 디자인의 분야에 호기심의 접목은 창의적인 도전으로 연결되었다.

11년 전 외국의 사이트에서 보게 된 빔프로젝트를 활용한 미디어 파사드 영상이 그것이었다. 무작정 하고 싶은 마음에 롯데몰 김포공항에서 수많은 보고와 협의를 통해 시작하게 되었다.

어려움은 생각보다 컸다. 내가 속한 회사에서의 협의뿐 아니라 비행기가 이착륙하는 공항에서 승인을 해줘야 하는 부분이었기 때문이다. 공항 측과 안전관련 협의를 하고, 확인을 하는 과정 중 인사이동으로 담당자가 변경되고, 오픈 날짜가 임박한 상황에서 (안전과 관련된 일이라 보수적으로 검토를 해야 만하는 상황) 새로운 공항 관리자의 바지 가랑이를 잡아가며 부탁하고 또 부탁했다. 처음 해보는 프로젝트라 공항에서의 사례가 없던 탓이었다.

마침내 현장에서 시연하고 비행기와 무선 통신을 통해 안전에 이상이 없다는 확인을 받고 결국 첫 미디어 파사드 프로젝트를 해냈다. (빔을 위로 쏘는 것이 아니라, 건물의 입면의 좌표 값을 계산해서 외벽면 이상의 면적에 빛이 나가지 않았다.) 그 이후 나는 자연스레 공간에서 미디어 컨텐츠, 미디어 파사드 등은 내가 하는 일이 되었고 롯데피트인, 롯데몰수지 등에서 미디어 컨텐츠 담당으로 업무하게 되었다.

회사에서 나의 역할은 무엇이었을까? VMD였을까? 인테리어 담당이었을까? 미디어담당이었을까? 홍보였을까? 마케팅이었을까? 조직에서 정해준 역할이 무엇이었을까? 그게 뭐가 중요할까? 정해진 것은 없다. 나는 무엇이든 되어야 하고, 도전해야 하고, 또 책임져야 한다. 이것은 열정이 아니면 안 되는 일이다.

롯데자산개발을 기점으로 지금은 대규모 타운하우스를 시행하고 건설하는 회사로 이직하였다. 쇼핑몰과 전혀 다른 분야이지만, 배우고 익히며 또 다시 성장하고 있다.

주거공간의 평면은 작지만 하나의 작은 우주 같다. 쇼핑몰보다 더 작은 평면이지만, 이렇게 저렇게 살면서 만족할 수 있는 공간을 찾아

롯자산개발 디자인팀. 왼쪽부터 김준영 책임, 이인재 책임, 김선주 대리, 염태연 책임, 주의환 팀장, 조민상 책임.

헤럴드경제 신문 발췌

내고, 편리한 동선을 찾아
내고, 가구를 제작하고, 때
론 50밀리미터 차이가 편한
사이즈가 될 수도 있는 재
밌는 분야이기도 하다. 화
려하진 않지만 담백하고,
소소하지만 럭셔리한 분야
이기도 한 것 같다.

쇼핑몰의 디자인팀을 꿈꾸는 후배에게

쇼핑몰에서 디자인팀의 역할은 다양한 형태의 영업을 위한 상공간
이 될 수 있도록 디자인 지원을 하는 팀으로서 건축 디자인, 인테리
어 디자인, 브랜딩, VMD, 그래픽 분야를 포괄하여 브랜드 아이덴티
티에 맞는 공간을 만드는 것이라고 볼 수 있다.

그렇다면 공간에서의 아이덴티티는 어떻게 표현이 되어야 할까?
보통 B.I는 단순한 네이밍, 로고, 심벌 등을 포함한 외형적인 표현에
국한되지 않는다. 소비자에게 궁극적으로 어떤 이미지로 각인될 것
인지, 고객에게 제시하는 기업의 목표이자 약속을 뜻하며, 그것으로
인해 기업의 가치를 형성해 가는 것이라 볼 수 있다. 따라서 공간에
서의 브랜드 아이덴티티라 함은, 기업이 추구하는 가치를 고객이 느
낄 수 있도록 만들어가야 한다. 대표적인 예를 들자면, 빅3 백화점

을 가게 되면 브랜드마다 다른 이미지를 느끼게 한다. 롯데·현대·신세계 3곳을 브랜드 간판을 가리고 어딘지 물어본다면, 아마도 대부분의 사람들이 정답을 말할 것이다. 그것은 공간이 그 브랜드의 가치와 추구하는 방향을 느끼게끔 유도했기 때문이다.

대규모 유통시설의 디자인팀은 건축, 인테리어,VM,그래픽 등을 전문 협력사와 같이 한다. 따라서 설계를 직접 할 수도 있지만, 그 전단계인 공간을 기획하는 부분을 하고, 전문 협력사의 설계를 관리할 수도 있다는 것이다. 건축공학과, 인테리어설계, 산업디자인, 예술과 관련된 과를 졸업한다면, 유통시설의 디자인팀으로 일할 수 있는 바탕이 된다.

이러한 시스템으로 일한다면, 설계를 전문으로 하는 회사가 있기 때문에 일이 더 쉬울 수 있을 것이라는 기대를 할수도 있다. 하지만 그 윗단계에서 MD 계획에 따른 공간을 계획하고, 고객의 서비스 시설을 어떻게 특별하게 할지, 집객을 위한 공간의 디자인을 어떤 방향으로 마케팅을 할지, 요즘의 트렌드를 어떻게 풀어낼지, 고객의 경험의 측면에서의 디자인을 고민하려면, 다양한 분야에 관심을 갖고, 공부해야 한다. 또한 전문 설계사의 디자인을 컨트롤하고, 설계를 관리하려면 전문 지식은 기본으로 가져가야 하기 때문에 오랜 경험과 포괄적 지식은 많은 도움이 된다.

디자인과 설계의 분야는 완전히 다르지 않다. 같은 것이기도 하면서 다르기도 하다. 후배들에게 해주고 싶은 마무리 조언은 처음에 시작한 조언과 같다.

호기심은 디자인의 시작이며, 열정은 프로젝트를 완성시킨다. 내가 좋아하는 분야가 무엇이지 여러 분야를 관심 있게 바라보고, 호기심의 눈으로 궁금해 하고, 시작한 일은 열정으로 마무리한다면 여러분의 미래는 성공한다는 식상함보다는 후회하지 않는 재밌는 삶이 될 것이다.

가구계획

Kang Miji

강미지

울산대학교에서 주거환경학을 전공하였고, 홍익대학교 건축도시대학원에서 실내건축디자인 석사학위를 취득하였다. 2003년 한샘에 입사하여 2007년부터 이탈리아 수입가구인 Molteni&C 브랜드 매니저로 근무하면서 매장 운영 및 고객 상담을 진행하였고, 나인원한남, 워커힐포도빌, 어퍼하우스 청담 등 고급주거 가구설계프로젝트를 담당하였다. 현재 가구, 주방가구, 타일, 수전 등을 수입하여 선보이는 하이엔드 라이프스타일샵 넥서스에서 리테일사업부 부서장을 맡고 있다. 한국실내건축가협회 이사. 한국여성건설인협회, 한국건축가협회에서 활동 중이다

가족이 화목한 공간을
설계해 드립니다

강미지
㈜한샘넥서스 리테일사업부 부서장

2015년에 개봉한 〈뷰티 인사이드〉 영화를 기억해보면 매일 다른 모습으로 변하는 운명을 가진 '가구를 디자인하는 남자(우진)'와 그 남자를 사랑한 '가구를 소개하는 여자(이수)'의 이야기이다. 21명의 우진이 출연하여 화제가 되었고, 단아하고 기품 있는 분위기의 한효주의 매력이 돋보인 영화였다. 아마 극중의 한효주의 직업이 공간 스타일리스트여서 매력이 더욱 돋보이지 않았을까 하는 직업적인 생각이다.

우진은 자신의 내면의 마음을 전달하기 위해 그녀가 제안한 아이디어가 담긴 가구를 만들어 상품화하여 선보이고, 그녀와 함께 사용하고 싶은 2인용 의자를 제작하고 싶었지만 자신의 신체가 매일 변하기에 사이즈를 예측하지 못해 실천하지 못하고, 결국 그녀만을 위한 1인용 의자를 제작해서 선물하게 된다. 영화의 내용이지만 가구

디자인은 사람의 신체와 제일 밀접하기에 사용자의 활용성과 편리성도 고려되어야 하는 디자인제품이라는 것을 알 수 있었다.

가족이 화목하고 편안해지기 위해선 가족이 함께할 수 있는 공간이 편안해야 하고 공간이 편안해지기 위해선 가족을 모이게 할 수 있는 가구가 잘 계획되어야 한다. 작년 2021년 신종 코로나바이러스 감염증(코로나19) 확산으로 집에 머무는 시간이 늘어나면서 가구 판매액이 지난해 사상 처음으로 10조 원을 넘어섰다고 한다. 코로나 이전 외부에서 해결했던 삶을 집으로 가져와서 생활하다 보니 홈오피스 가구, 가족을 위한 식탁, 쇼파 등 가정용 가구에 더 신경을 써 투자를 하게 되었던 것이다.

공간 스타일리스트란?

〈뷰티 인사이드〉의 이수는 가구편집샵 마마스튜디오의 직원이다. 가구에 대한 해박한 지식, 그리고 각 사람의 직업이나 생활패턴에 맞춰 맞춤형 가구를 추천하는 센스까지 탁월한 감각을 갖춘 사원이었다. 우진이 디자인한 가구 브랜드 알렉스를 자사의 매장에 입점시키기도 하는 MD능력까지 갖춘 이수를 우리는 공간 스타일리스트 또는 인테리어 컨설턴트라고 한다.

가구매장들이 이케아의 한국 진출 이후 점점 대형화, 복합화되면서 이제는 한샘리하우스, LX지인, 리바트스타일샵과 같은 가구 단품만이 아니라 공간연출을 넘어 인테리어 상담까지 가능한 브랜드매장들

나인원 한남 가구 설계 및 모델하우스 DP

이 늘어나고 있다. 각 브랜드에서는 상품의 다양화를 통한 매출 증대, 소속되어 있는 직원들은 교육을 통한 전문가로서의 성장, 그리고 고객들은 전문가와의 상담을 통해 내 집을 나와 나의 가족의 생활에 맞추어 구성하고 꾸미는 것이 더욱 편해지고, 원스톱쇼핑이 가능해지고 있다.

이런 공간 스타일리스트가 되려면 인테리어회사, 디피회사, 가구 브랜드에 취업해서 관련 파트에서 실무경험을 쌓아야 하며 급격하게 변하는 주거환경의 트랜드를 읽어야 하고 문화, 예술에 대한 전반적인 소양을 갖추어야 전문적인 스타일리스트가 될 수 있다.

워커힐포도빌 가구설계 및 모델하우스 DP

한샘에서 20년, 하이엔드 리빙 15년

2003년 한샘에 입사하여 2007년 Molteni&C, DADA라는 이탈리아 하이엔드 가구를 수입하고 판매하는 매장에서 근무하게 되었다. 고객을 상담하여 계약을 이끌어내는 직무라서 처음에 두려움이 있었지만 대한민국에서 성공하신 분들의 사적인 공간인 집에 방문하여 그분들의 집과 취향에 맞는 가구를 권하고, 선택을 할 수 있게 돕는 업무를 하다보니 항상 새로운 분들을 만나고 새로운 디자인을 만날 수 있는 이 일을 즐기게 되었다.

수입가구의 특성상 고객 상담 후 납품까지 6개월이라는 시간이 소요가 된다. 주방, 드레스룸 가구의 경우에는 인테리어 공사 전에 도면 크기로 가구 발주를 해야 하기에 현장 체크를 꼼꼼히 하지 않으면 벽을 수정해야 하는 상황이 발생하기도 한다. 신혼인 고객님들은 혼수가구를 집을 계약하기도 전에 미리 결정해서 주문해 두기도 한다. 오랜 기다림이 있지만 제품디자인, 마감사양 하나하나 고객과 상의해서 결정 후 주문하는 이 일이 나에게는 잘 맞았기에 20년을 한 직장에서 또, 두 아이를 키우면서도 잘 다닌 것 같다.

고급주거시설이 분양이 되고, 하이엔드 가구, 자재에 대한 수요가 늘어남에 따라 고급자재를 한 곳에서 보여줄 수 있는 넥서스 플래그십 서울 갤러리를 2019년 11월 학동역에 오픈하였다. 1000평 정도 되는 공간에 27개의 수입브랜드를 전시하였고 이탈리아 가구의 자존심 Molteni&C, 부엌가구의 대명사 DADA를 비롯해 GESSI(수전), PORCELANOSA(타일), Kettal(아웃도어)를 전시하였고 전문 디자이너를 통한 인테리어 스타일링과 자재에 대한 세심한 컨설팅을 제공하려고 하고 있다.

가구는 또 하나의 건축

가구를 공부하다 보면 유명한 건축가의 직품들을 만나볼 수 있다. 몰테니의 대표적인 작품인 Heritage Collection은 20세기 이탈리아 건축과 디자인의 중추적인 인물인 지오 폰티(1891~1979)의 작품이다. 그가 활동했던 50여 년의 시간 동안 고층 빌딩부터 커틀러리에 이르기까지 건축과 디자인을 아울러서 선보였고 건축적인 요소가 잠재되어 있는 작품을 실제 가정에 둘 수 있는 것이 가구이다.

　큰 빌딩을 디자인하고 설계하는 건설적인 직업도 있지만 그 공간 속의 삶을 담고 있는 집이라는 공간에 잘 설계된 디자인 가구를 배치하게끔 컨설팅하는 것 그게 나의 일이다.

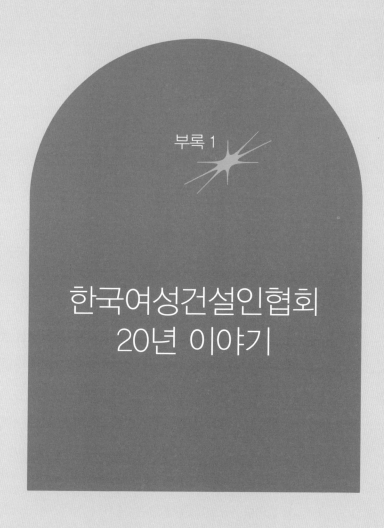

한국여성건설인협회 20년 이야기

사단법인 한국여성건설인협회는 건축, 실내건축, 조경, 도시, 교통, 토목, 환경, 건설관리 등 건설관련 분야에서 경력이 5년 이상 활동한 300명이상의 여성 전문인들이 함께 모인 국토 교통부 산하 비영리단체이다. 2002년 12월 26일에 설립하였으며, 2004년 6월 19일에 사단 법인으로 등록하였다.

사단법인 한국여성건설인협회는 여성건설인의 전문성 향상, 권익 증진 및 사회참여 확대 도모, 해외 여성건설단체와 건설기술 향상을 위한 정보교류 및 국제협력사업 추진을 목적으로 설립 된 단체이다.

설립 20년이 된 현재까지 한국여성건설인협회는 설립 취지를 토대로 회원들의 자질향상 및 전문성 향상과 건설관련 외국의 선진기술, 제도 및 정책에 관한 정보 수집 및 보급을 위해 지속적으로 노력하고 있으며, 전문지식의 사회 기여를 통해 보다 살기 좋은 도시를 만들기 위한 '여성이 살기 좋은 도시건설' 사업을 추진해 오고 있다.

설립 후 주요 사업으로 '여성이 살기 좋은 도시 건설'을 목표로 활동하고 있으며, 지속적인 세미나와 연구용역 등을 수행해 오면서 도시 전체의 안전과 사회적 약자를 배려하는 살기 좋은 도시 만들기에 주력하고 있다.

전문건설 제674호 기획

"모성친화적 환경건설에 일조"

■ 인터뷰 - 김혜정 한국여성건설인협회 초대회장

**건설계획 단계서
여성적 관점 반영
모든 계층에 이익**

공공부문 여성할당 늘려야

**관련학과 30~40%
여학생들이 차지
협회 저변 넓은 편**

전문건설 제674호 (2003년 1월 6일) 김혜정 초대회장 인터뷰

우리는 협회의 기본 취지인 전문성 향상, 권익증진, 사회참여 확대를 구체화시켜서 새로운 시대에 부응하는 역할을 할 수 있도록 최선을 다할 것이며, 또한 협회가 여성건설인들의 화합과 교류의 장이 될 수 있도록 정성을 다할 것이다.

주요
연혁

2002년 12월 26일	창립총회
2003년 12월	여성가족부 공동협력사업 수행
2003년 5월	제1회 워크샵
2003년 12월	'여성이 살기 좋은 도시 건설: 시리즈 1' 개최
2004년 7월	사단법인 등록(건설교통부)
2004년 8월	'한국여성과학기술단체총연합회'에 가입
2011년 7월	제1회 차세대 건설 리더스 캠프 'We Build a City' 개최
2011년 11월	《여성 멘토가 말하는 건설이야기: We Build a City》 출간
2016년 1월	김포시 여성친화도시 조성 활성화를 위한 업무협약
2021년 6월	한국건설기술인협회 여성 청년 건설기술인의 미래 발전을 위한 업무협약

2022년 12월　　《여성 멘토가 말하는 건설이야기: We Build a City 2》출간

2002년 12월26일 창립총회

2013 추계 세미나

2016 워크샵(수원 화성궁 답사)

2016 동계 세미나

2019 추계 세미나

2019 추계 세미나

- 여성건설인의 건설분야 참여 확대 및 네트워크 강화
- 여성건설인의 자질 향상 및 전문성 향상을 위한 교육
- 건설기술 향상을 위하여 해외 여성건설단체회의 정보교류 및 국제 협력사업 추진
- 외국의 건설관련 선진기술, 제도 및 정책에 관한 정보 수집과 보급에 주력
- '여성이 살기 좋은 도시 건설', '존중받는 생로병사', '우리 삶을 풍요롭게 하는 공간' 등 주제로 세미나 개최
- 기타 회원의 복리증진 등 협회의 목적 달성에 필요한 사업 추진
- '여성이 살기 좋은 도시 건설'을 주제로 세미나 개최(2003년부터)
- 건설기술 건축문화 선진위원회, 국토교통부, 여성가족부, 서울시, 지자체, 서울문화재단, 건설회사, 여성과학기술단체 총연합회, 한국건설기술인협회와의 연구용역 추진(2004년부터)

2018 홍콩마카오 미래형복합지구 개발 컨셉 견학

2019 아프리카 여성공학인 연수

2019 정기총회 및 세미나

2022년 제12회 차세대 건설 리더스 캠프

- 차세대 건설 리더스 캠프 'We Build a City'를 개최하여 후배들이 여성건설인으로 자랄 수 있는 바탕 마련(2011년부터)

세미나

본 협회는 '여성이 살기 좋은 도시 건설', '존중받는 생로병사', '우리 삶을 풍요롭게 하는 공간' 등 다양한 주제의 세미나를 2003년부터 진행하며, 진정으로 여성이 살기 좋은 도시 건설을 위해 지속적인 노력을 하고 있다.

2005년부터 진행 중인 다양한 주제의 세미나

2003년 5월 29일 / 1st 한국여성건설인협회 Workshop 개최

주제 여성건설인의 사회참여
1부 특별강연
1. 건설분야 여성전문인력 역할 확대 방안
   -김일중 / 건설교통부 차관보
2. 프로젝트 코디네이터로서 조경가의 역할
   - 정영선 / ㈜서안조경 대표
2부 여성건설인의 사회참여 확대방안 대토론회

주제발표 1 건설분야 여성전문인력 고용증대를 위한 정책개발 방안
   - 김영옥·김혜란
2 여성건설인 창업촉진 방안
   - 김경숙·이혜경·강은숙
3 여성건설전문인 취업 네트워크 개발방안
   - 남윤옥·서현주·박은미
4 경력자 전문교육 프로그램 개발방안
   - 김용미·박승자·김경희·이혜연·김설주

2003년 12월 20일 / 창립1주년 기념 세미나 개최

주제   여성이 살기 좋은 도시 건설

주제발표 1   여성이 살기 좋은 도시 건설, 비전과 전략

        -김선희/국토연구원 연구위원

  2   여성과 교통

        -김설주/㈜청석엔지니어링 상무

  3   여성도 살기 좋은 도시 건축설계를 위한 여성의 참여방안

        -남윤옥/수원과학대학교 건축설비과 교수

2004년 4월 27일 / '여성이 살기 좋은 도시 건설: 시리즈 3' 개최

주제   여성이 살기 좋은 도시 건설

주제발표 1   여성이 살기 좋은 주거환경 조성을 위한 아파트단지 평가'

        -'SH아파트단지를 중심으로'

        -박문호/서울시립대학교 도시과학연구원 연구위원

2005년 1월 19일 / '여성이 살기 좋은 도시 건설: 시리즈 4' 개최

특강   서울시의 대중교통정책과 도시환경

        - 음성직/서울시교통정책보좌관

주제발표 1   여성을 배려한 주거단지에 관한 고찰—독일, 스위스, 오스트리아를 중심으로

        -이명주/명지대학교 건축학과 교수

  2   都·市·사·이 말하기

        -이원아/환경디자인 모자익기술사사무소 소장

  3   새로운 어린이 놀이환경

        -이혜연/㈜중앙디자인 디자인기획연구소 소장

2005년 11월 10일 / '여성이 살기 좋은 도시 건설: 시리즈 5' 개최

주제   아파트 단지를 중심으로

특강   서울: 여성이 살기 좋은 도시!? - 세계일류도시를 향하여
- 황인자 / 서울시복지*여성정책보좌관

주제발표 1   아파트 단지와 도시경관
- 김경인 / ㈜브이아이랜드 소장

    2 택지개발 중의 혼란 전담 처리사, 여성
- 이현희 / 경원대학교 건축·실내건축학부 부교수

    3 디지털 사회에 대응하는 첨단주택 개발 동향
- 임미숙 / 대한주택공사 주택도시연구원 수석연구원

    4 공동주택 실내공기의 질
- 이윤규 / 한국건설기술연구원 건축연구부 수석연구원

2006년 2월 23일 / '여성이 살기 좋은 도시 건설; 시리즈 6' 개최

주제   도시와 공동주거 관점에서'여성 관점에서 본 건축과 도시

주제발표 1   아파트 브랜드와 주거만족도
- 김경숙 / 동원대학 실내건축과 교수

    2 모자가정의 자립지원을 위한 단기체류형 공동주거
시설
- 강미선 / 이화여자대학교 건축과 교수

    3 여성이 살기 좋은 도시, 서울을 위한 제언
- 이선영 / 서울시립대학교 건축과 교수

2006년 9월 22일 / '여성이 살기 좋은 도시 건설: 시리즈 7' 개최

주제   여성 친화 도시, 서울을 위한 제언'

주제발표 1 왜 여성친화도시인가? - 이선영(서울시립대학교 건축과 이선영 / 서울시립대학교 건축과 교수

    2 해외의 여성친화도시 동향- 류전희(경기대학교 교수)

    3 여성친화적인 공공시설을 위한 제언

      -박성신 / ㈜대우건설 차장

    4 여성친화적인 오픈 스페이스를 위한 제언

      -이원아 / 환경디자인 모자익기술사사무소 소장

    5 여성친화적인 도시 실현을 위한 전략

      -김혜란 / 경화엔지니어링

2007년 1월 25일 / '여성이 살기 좋은 도시 건설: 시리즈 8' 개최

주제   도시와 빛

주제발표 1 공간디자인과 조명

      -하미경 / 연세대학교 교수

    2 도시와 경관조명

      -이미애 / ㈜아이라이트 소장

2007년 10월 5일 / '여성이 살기 좋은 도시 건설: 시리즈 9' 개최

주제   생활가로와 또 다른 아파트

주제발표 1 가족친화형 생활가로 분석

      -김혜란 / 제이씨기술사사무소 소장

    2 주거건축에 나타나는 인간친화·이웃친화·경관친화에 대하여

      -방명세 / 정림건축 본부장

    3 설계 사례로 본 아파트 조경

      -김균 / 솔토조경 부장

2008년 2월 14일 / '여성이 살기 좋은 도시 건설: 시리즈 10' 개최

주제　　여성 친화 공간

주제발표 1　화성시 여성 청소년 수련관

　　　　　　-황금순 / 희림건축

　　　　2　주유소 화장실의 여성 친화 디자인 제안

　　　　　　-김경숙 / 동원대학 실내건축과 교수

　　　　3　서울시 주유소 화장실 현황 및 Good Design 사례

　　　　　　-김애주 / ㈜현대산업개발 부장

2008년 10월 1일 / '여성이 살기 좋은 도시 건설: 시리즈 11' 개최

주제　　에너지 절약형 건축물

주제발표 1　독일의 에너지 절약형 건축물 설계

　　　　　　-이명주 / 명지대학교 건축과 교수

　　　　2　ECO 3리터 하우스

　　　　　　-원종서 / ㈜대림산업 기술연구소 선임연구원

　　　　3　미래 건축물의 신재생에너지 시스템

　　　　　　-최원철 / ㈜대우건설 차장

2009년 2월 12일 / '여성이 살기 좋은 도시 건설: 시리즈 12' 개최

주제　　色(COLOR)

주제발표 1　색채와 도시환경

　　　　　　-최경실 / 이화여자대학교대학원 색채디자인전공
　　　　　　교수

　　　　2　2008 한국색채대상 설계 사례

　　　　　　-류학철 / ㈜엔텍프랜건축환경연구소 대표

　　　　3　국제 공동주택 색채계획 사례

　　　　　　-김애주 / ㈜현대산업개발 부장

2009년 9월 24일 / '여성이 살기 좋은 도시 건설: 시리즈 13' 개최

주제　건설업계 여성 인력의 실태와 잠재력 그리고 나아갈 길

주제발표 1　건설회사 여성 인력의 실태와 그 시사점

－최철/㈜한화건설 상무

2　발전소 설계 분야에서 여성의 역할 및 증대 방안

－홍문성/한국전력기술 플랜트사업개발처 상무

3　건설사업관리(CM)의 여성건설인 역할

－이동열/한미파슨스 엔지니어링팀 상무

4　여성건설인의 나아갈 길―2% 모자람 채우기

－정기호/성균관대학교 공과대학 조경학과 교수

2010년 9월 9일 / '여성이 살기 좋은 도시 건설: 시리즈 14' 개최

주제　다문화 여성 증가에 따른 공간 환경적 대응방향

주제발표 1　이주여성의 역량강화와 공간/장소

－김영옥/이주여성인권포럼 대표

2　다문화 사회의 정착과 공간,환경적 개선안

－와타나베 미카/물방울나눔회 회장

3　이주여성을 위한 도시공간―독일 사례

－남윤옥/수원과학대 교수

2011년 2월 24일 / '여성이 살기 좋은 도시 건설: 시리즈 15' 개최

주제　여성이 살기 좋은 도시! 여성이 만들어가는 도시!

그 도전과 실천

주제발표 1　라오스 나눔 놀이터 조성공사

－변금옥/㈜이산 전무

2　도심 한 평 공원 만들기―그 빛과 그림자

－김은희/도시연대 국장

2011년 9월 29일 / '여성이 살기 좋은 도시 건설 : 시리즈 16' 개최

주제 아이들이 행복한 공간

주제발표 1 어린이 친화적 도로설계 요건

-최병호 / 교통안전공단 박사

2 생각을 바꾼 기록, '기적의 도서관'

-김병옥 / 기용건축사사무소 소장

3 아동 발달에 적합한 환경

-나종혜 / 한남대학교 교수

2012년 2월 27일 '여성이 살기 좋은 도시 만들기' 개최

주제 We Build a City

주제발표 1 여성들이 세종시로 몰리는 이유

-이선영 / 서울시립대 교수

2 Woman in the Dirt

-백주영 / HLE KOREA 소장

3 한달에 100억 쓰고 하루에 100억 버는 여자

-이락희 / 문화체육관광부

2012년 11월 15일 / '건강한 도시 만들기' 개최

주제 여성건설인 역량강화를 위한 네트워크 형성 및 전문세미나

주제발표 1 건강한 도시는 어떤 도시인가?

-제해성 / 건축도시공간연구소 소장

2 건강한 도시를 위한 서울 주택 정책의 과제 및 해결 방안

-김효수 / 서울시립대 건축학부 교수

3 사람이 우선하는 서울시 지능형 교통시스템

-이경순 / 서울시 교통정보센터 소장

2013년 2월 26일 / '건강한 도시 만들기: 시리즈 1'개최

주제　　　여성들이 실천하는 사회

주제발표 1　여성건설인 역량강화를 위한 전문 세미나 추진 및
　　　　　　차세대 여성과학기술 리더십 배양
　　　　　　-김민경 / 연세대학교 교수

　　　　2　도시계획의 새로운 시도—세종시 여성 행복생활권
　　　　　　-노석우 / 디에이그룹 이사

　　　　3　건설현장에서의 감성경영사례
　　　　　　-홍낭기 / ㈜금호건설 상무

2013년 11월 14일 / '건강한 도시 만들기: 시리즈 2'개최

주제　　　이야기가 있는 도시

주제발표 1　건강한 문화예술 이야기가 있는 도시
　　　　　　-김홍규 / 연세대학교 교수

　　　　2　디자이너가 바라보는 도시이야기
　　　　　　-류인철 / 메카조형그룹 대표

2014년 2월 24일 / '건설산업에서의 융합과 창조경제'개최

주제발표 1　건설산업도 융합을 통한 창조경제로
　　　　　　-최원철(문화도시경영연구소 소장)

　　　　2　Design with GIS Big Data
　　　　　　-송규봉 / ㈜GIS United 대표

2015년 1월 29일 / '건강한 도시만들기: 시리즈 3' 개최

주제   더불어 사는 도시

주제발표 1   도시재생과 더불어 사는 도시
        -서수정/건축도시공간연구소 도시재창조 센터장

    2   도시재생을 위한 푸른마을 만들기
        -황용득/(사)한국조경사회 회장

2015년 11월 16일 / '존중받는 생로병사를 위한 환경적 모색' 개최

기조발제   존중받는 생로병사를 위한 환경적 모색
        -이선영/서울시립대학교 건축과 교수

2016년 2월 26일 / '존중받는 생로병사를 위한 환경적 모색 1' 개최

주제   출산환경을 생각한다

기조발제   존중받는 생로병사를 위한 환경적 모색
        -이선영/서울시립대학교 건축과 교수

주제발표 1   임신출산을 위한 보건 의료 인프라의 현황과 시사점
        -이소영/한국보건사회 연구원

    2   의료화된 출산환경과 여성의 재생산권
        -조영미/서울특별시 여성가족재단

    3   출산환경의 실재: 여성병원의 건축적 특성
        -안우성/온고당건축사사무소 대표

2016년 11월 18일 / '존중받는 생로병사를 위한 환경적 모색 2' 개최

주제 출산공간의 실재

주제발표 1 대안적 출산공간의 경험을 공유한다
　　　　　 -최홍이/블라슈클리주닉 한양대학교 도시대학원
　　　　　 교수

　　　2 산후조리원의 공간설계 및 디자인
　　　　　 -김정욱/맘크넷매니지먼트 대표

2017년 2월 23일 / '존중받는 생로병사를 위한 환경적 모색 3' 개최

주제 아이를 키우는 환경을 생각한다

발제배경 존중받는 생로병사—아이를 키우는 환경을 생각한다
　　　　　 -이선영/서울시립대학교 건축과 교수

주제발표 1 소통과 돌봄이 있는 동네-유명희/울산대학교 교수

　　　2 육아 파트너쉽을 위한 도시공간 환경
　　　　　 -유다은/이화여자대학교 교수

　　　3 국공립 어린이집의 디자인 환경
　　　　　 -이여경/건축도시공간연구소 부연구위원

2017년 10월 12일 / '존중받는 생로병사를 위한 환경적 모색 4' 개최

주제 노의 거주를 생각하다

발제배경 노의 거주를 생각하다
　　　　　 -이현희/가천대학교 건축과 교수

주제발표 1 고령자를 위한 거주환경
　　　　　 -이경락/영동대학교 교수

　　　2 고령자의 행태에 기반한 주택개조 방안
　　　　　 -권오정/건국대학교 교수

2018년 3월 15일 / '존중받는 생로병사를 위한 환경적 모색 5' 개최

주제   노의 공유를 생각하다

주제발표 1   노의 공유를 생각하다

        -이현희 / 가천대학교 건축과 교수

2018년 10월 18일 / '존중받는 생로병사를 위한 환경적 모색 6' 개최

주제   노의 향유를 생각하다

발제 1   존중받는 생로병사, 노의 향유

        -이현희 / 가천대학교 건축과 교수

2   행복한 노년의 삶을 누리는 시니어되기

        -김경숙 / 동원대학교 실내건축과 교수

발표 1   건강한 노후의 일상생활을 약속하는 미래 주거공간

        -최현철 / 가천대학교 교수

2   시경유람―시간의 경관을 유람하다

        -김선아 / SAK 대표

3   지역사회 지속거주(AIP)를 위한 고령자주거와 생활지원

        -변나향 / 건축도시공간연구소 부연구위원

2019년 3월 9일 / '우리 삶을 풍요롭게 하는 공간, 그것의 진화를 이야기하다 1' 개최

주제   Hotel Now

주제발표 1   호텔 트렌드의 변화와 호텔 프로젝트 로드맵

        -이현주 / 다스플러스 대표

2   호텔 시설 골라 먹기 및 효율적 관리

        -김봉국 / JW메리어트 동대문스퀘어서울 시설이사

2019년 11월 19일 / '우리 삶을 풍요롭게 하는 공간, 그것의 진화를 이야기하다 2' 개최

주제　　Park Now

주제발표 1　도시공원설계의 최전선

　　　　　　-배정한 / 서울대학교 교수

　　　　2　포용적 근린재생을 위한 공원정책 개선

　　　　　　-김용국 / 건축도시공간연구소 부연구위원

2020년 10월 24일 / '우리 삶을 풍요롭게 하는 공간, 그것의 진화를 이야기하다 3' 개최

주제　　Retail Now

주제발표 1　네오밸류 소개 및 엘리웨이 광교 도슨트 투어

　　　　　　-정종현 / ㈜네오밸류 부사장

2021년 5월 15일 / '북한에서 건축이란 무엇인가?'

주제발표 1　북한에서 건축이란 무엇인가?

　　　　　　-이종석 / ㈜이가ACM건축사사무소 사장

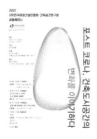

2021년 10월 22일 / '포스트 코로나, 건축도시공간의 변화를 이야기하다' 개최

주제발표 1　포스트 코로나 시대의 도시문명과 회복력

　　　　　　-황두진 / 황두진건축사사무소 대표

　　　　2　코로나에 대응하는 공간 가이드라인

　　　　　　-손동필 / 건축공간연구원 연구위원

2022년 10월 21일 '탄소중립, 실천방안을 이야기하다' 개최

주제　　더불어 사는 도시

주제발표 1　건축물과 건설 탄소중립. 어떻게 다가설 것인가

　　　　　-박윤민 / ㈜인테그라디앤씨 책임연구원

　　　　2　생활권 단위 탄소중립을 위한 공간계획 방향

　　　　　-남성우 / 건축공간연구원 부연구위원

연구사업

본 협회의 주요 활동 목표인 '여성이 살기 좋은 도시건설'에 부합하
는 사업을 추진하기 위해 회원의 능력을 전문 분야별로 발굴하고자
시행하였다.

2004년부터 활발하게 진행 중인 연구사업

01 한국건설기술인협회 여성 청년 건설기술인의 미래 발전

을 위한 업무협약 체결

- 기간: 2021년 11월 3일 ~ 12월 12일

- 사업명: 여성 청년 건설기술인의 인재 육성 및 건설분야

참여 활성화 방안

02 김포시 여성친화도시 조성 활성화를 위한 업무협약 체결

- 기간: 2016년 12월 12일 ~ 2016년 12월 30일

- 사업명: 김포시 생태공원 수유시설 공사 용역

03 ㈜디에이그룹엔지니어링 종합건축사사무소와 연구용역 체결

- 기간: 2010년 1월 5일 ~ 보고서 납품까지

- 사업명: 행정중심복합도시 2-2 생활권 여성특별설계구역 연구용역

04 건설기술, 건축문화 선진화위원회 연구용역

- 기간: 2007년 9월 ~ 2008년 1월

- 사업명: 공간복지 증진을 위한 여성건설인 활용방안 연구

05 여성가족부 연구용역

- 기간: 2007년 5월 1일 ~ 9월 30일

- 사업명: 가족친화환경 만들기 세미나 위탁사업

06 서울시 제12회 여성주간 사업

- 기간: 2007년 5월 ~ 8월

- 사업명: 여성친화 공중화장실, 서울시 주유소 공중화장실

　의 여성 친화디자인 제안

07 서울특별시 2006년 여성발전기금 지원 사업

- 기간: 2006년 2월 1일 ~ 10월 31일

- 사업명: 여성이 살기 좋은 도시, 서울 구현을 위한 방안 개발

08 대림산업주식회사 연구용역

- 기간: 2006년 11월 03일 ~ 2007년 1월 30일

- 사업명: 공동주택 주방 공간과 욕실 공간의 계획에 대한 연구 용역사업

09 서울문화재단과 문화마을 가꾸기 공동사업

- 기간: 2004년 11월 1일 ~ 12월 31일

- 사업명: 문화가 있는 놀이터 만들기

리더스 캠프

차세대 건설 리더스 캠프는 'We Build a City'라는 주제로 건설기술분야의 여성인력 진출 확대를 위해 중·고등학생을 대상으로 2011년부터 매해 개최되고 있다. 다양한 분야의 건설 관련 직업에 대한 올바른 정보를 제공하고 창의적인 팀작업을 통해 함께 일해 보는 체험과 현업 여성리더들과의 네트워크 구축에 1차적 목적이 있으며, 함께 현장을 방문하여 체험하면서 그들과 자연스러운 소통의 기회를 마련하고, 건전한 사회인으로 육성하기 위한 사업이다.

2011년부터 진행 중인 차세대 건설 리더스 캠프

2011년 7월 22 ~23일 / 제1회 차세대 건설 리더스 캠프 'We Build a City' 개최
- 건설이란 무엇인가
- 건설분야별 업무소개(건축·토목·기계·전기·조경·실내·건설 관리)
- 현장견학: 플로팅아일랜드, 여의도IFC
- 그룹 워크샵
- 대우푸르지오 모델하우스 투어

2012년 7월 20 ~ 21일 / 제2회 차세대 건설 리더스 캠프 'We Build a City' 개최

- 건설이란 무엇인가
- 건설분야별 업무 소개(건축/토목/기계/전기/조경/실내/도시계획/시공/구조)
- 현장견학: 동대문플라자파크, 종로GS오피스타워
- 그룹 워크샵
- 두산 아트스퀘어 투어

2013년 7월 26 ~ 27일 / 제3회 차세대 건설 리더스 캠프 'We Build a City' 개최

- 건설이란 무엇인가
- 건설분야별 업무 소개(건축/실내건축/조경/도시/교통/토목/환경)
- 현장견학: 사랑의 교회, 암사대교
- 그룹 워크샵
- 퍼시스 쇼룸 투어

2014년 7월 25 ~ 26일 / 제4회 차세대 건설 리더스 캠프 'We Build a City' 개최

- 건설이란 무엇인가
- 건설분야별 업무 소개(건축설계/실내건축/조경/도시계획/엔지니어링/구조 및 시공/교통)
- 현장견학: 코엑스
- 그룹 워크샵
- 디에이그룹 투어

2015년 7월 24 ~ 25일 / 제5회 차세대 건설 리더스 캠프 'We Build a City' 개최
- 건설이란 무엇인가
- 건설분야별 소개(건축설계·실내건축·조경·토목·도시계획·엔지니어링·구조·시공·교통)
- 현장견학: 구글캠퍼스, 서울시립대학교 경농관(선벽원), 음악당 시공현장
- 그룹 워크샵
- 퍼시스 사옥 및 쇼룸 투어

2016년 7월 22 ~23일 / 제6회 차세대 건설 리더스 캠프 'We Build a City' 개최
- 건설이란 무엇인가
- 건설분야별 소개(건축설계/실내건축/조경/토목/도시계획/엔지니어링/구조/시공/교통)
- 현장견학: 노원구 제로에너지건축물
- 그룹 워크샵
- 퍼시스 사옥 및 쇼룸 투어

2017년 7월 21 ~ 22일 / 제7회 차세대 건설 리더스 캠프 'We Build a City' 개최
- 건설이란 무엇인가
- 건설분야별 소개(건축설계·실내건축·조경·토목·도시계획·엔지니어링·구조·시공·교통)
- 역대 캠프참가자 경험발표
- 현장견학: 동대문디자인플라자(DDP) 건축물투어
- 그룹 워크샵
- 퍼시스 사옥 및 쇼룸 투어

2018년 7월 20 ~ 21일 제8회 차세대 건설 리더스 캠프 'We Build a City' 개최

- 건설이란 무엇인가
- 건설분야별 소개(건축설계·실내건축·조경·토목·도시계획·엔지니어링·구조·시공·교통)
- 현장견학: 국토발전전시관
- 그룹 워크샵
- 역대 캠프참가자 경험발표
- 퍼시스 연구소 투어

2019년 7월 19 ~ 20일 / 제9회 차세대 건설 리더스 캠프 'We Build a City' 개최

- 건설이란 무엇인가
- 초청강의: 싸이보그지만 괜찮아—4차 산업혁명시대의 건축가
- 김성아(성균관대학교 교수)
- 건설분야별 업무소개(건축설계·실내건축·조경·토목·시공·도시계획·엔지니어링·구조·교통)
- 현장견학: 여의도 파크원
- 그룹 워크샵
- 퍼시스 연구소 투어

2020년 8월 15일 / 제10회 차세대 건설 리더스 랜선 캠프 'We Build a City' 개최

- 랜선(온라인)캠프
- 분야별 전문가 특강(건축설계·도시계획·인테리어·엔지니어링·교통)
- 실무 현장을 찾아서: 행림건축
- 분야별 멘토링
- 역대 캠프참가자 발표

2021년 7월 17일 / 제11회 차세대 건설 리더스 캠프 'We Build a City' 개최

- 랜선(온라인)캠프
- 분야별 전문가 특강(건축설계·도시계획·인테리어·엔지니어링·교통)
- 실무 현장을 찾아서: 아모레퍼시픽 본사
- 분야별 멘토링
- 역대 캠프참가자 발표

2022년 7월 22 ~ 23일 / 제12회 차세대 건설 리더스 캠프 'We Build a City' 개최

- 건설이란 무엇인가
- 건설분야별 업무소개(건축·도시설계·인테리어·M&E ENG.·구조·조경·시공)
- 현장견학: 현대엔지니어링 R&D센터
- 그룹 워크샵
- 역대 캠프참가자 발표

(사)한국여성건설인협회 소개 www.kowsae.org

부록 2

한국 여성건설인의
발전방향과 미래

역대
임원명단

2002(제1대)
- 회장　　김혜정
- 부회장　박승자, 김설주, 김경희
- 감사　　김선희, 박문호

2005(제2대)
- 회장　　김설주
- 부회장　김경숙, 김용미, 박문호, 서현주, 최경숙
- 감사　　김경희, 박승자

2007(제3대)
- 회장　　김정선
- 부회장　김경숙, 김경희, 김태희, 류전희, 안영애
- 감사　　김혜란, 하미경

2009(제4대)
- 회장　　안영애
- 부회장　김경희, 김태희, 김혜란, 이선영, 하미경
- 감사　　김경숙, 박영욱

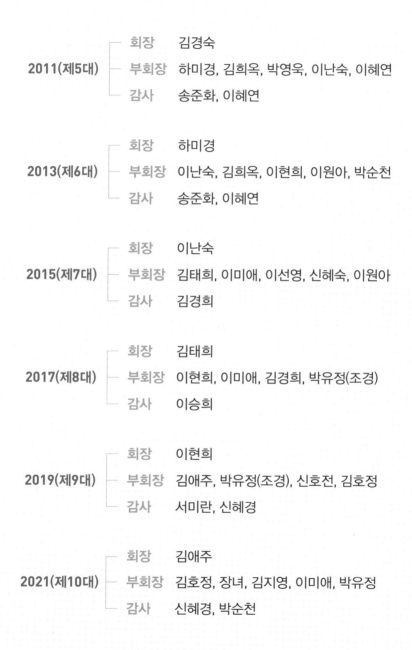

2011(제5대)
- 회장　　김경숙
- 부회장　하미경, 김희옥, 박영욱, 이난숙, 이혜연
- 감사　　송준화, 이혜연

2013(제6대)
- 회장　　하미경
- 부회장　이난숙, 김희옥, 이현희, 이원아, 박순천
- 감사　　송준화, 이혜연

2015(제7대)
- 회장　　이난숙
- 부회장　김태희, 이미애, 이선영, 신혜숙, 이원아
- 감사　　김경희

2017(제8대)
- 회장　　김태희
- 부회장　이현희, 이미애, 김경희, 박유정(조경)
- 감사　　이승희

2019(제9대)
- 회장　　이현희
- 부회장　김애주, 박유정(조경), 신호전, 김호정
- 감사　　서미란, 신혜경

2021(제10대)
- 회장　　김애주
- 부회장　김호정, 장녀, 김지영, 이미애, 박유정
- 감사　　신혜경, 박순천

김설주

서울시립대학교 교통공학과 박사, 미국 펜실베이니아대 도시 및 지역계획학과 박사과정 수료, 미국 펜실베이니아대 도시 및 지역계획학과 석사학위와 교통기술사 자격을 취득하였다. 서울시립대학교 교통공학과 연구교수, 청석엔지니어링 해외·교통사업 본부장(부사장), 국토연구원 책임연구원, 대한교통학회 부회장, 한국여성공학기술인협회 부회장, 한국여성건설인협회 2대 회장을 지냈으며, 현재는 공공투자연구소 선임 컨설턴트, 서울교통공사 비상임이사, 한국공학한림원 정회원으로 활동하고 있다.

한국여성건설인협회의 20주년을 축하드립니다!

우리 여성건설인의 전문성 향상, 권익증진, 사회참여 확대를 도모하고자 여성건설인들이 모여 협회를 조직하였습니다. 건축·도시·교통·조경·토목·환경 등 남성 위주의 분야에서 업계·학계·관계에 몸담고 활약하는 전문여성들이 모인 것입니다. 그리고 20년이 흘렀습니다.

초창기 회원들은 활기 왕성한 40대에서 이제는 정년퇴직을 한 60대가 되었지요. 과연 협회는 어떻게 변했을까? 얼마나 크고 영향력있는 조직이 되었을까? 하고 둘러보았습니다. 한마디로 그 어느 다른 조직도 넘볼 수 없는 소위 '넘사벽'의 협회가 되었습니다.

처음에 우리 협회는 건설의 범주에서 각기 다른 분야의 전문성과 사회참여 기회를 공유하는 세미나를 정기적으로 개최했는데, 여성건설인이 가장 잘할 수 있는 '여성이 살기 좋은 도시'를 주제로 하였습니다. 여성이 살기 좋은 도시란, 주거환경, 생활환경, 교통환경, 도시 인프라 시설 환경 등 각종 환경에서 여성의 삶이 편리하고 안전한 공간을 만드는 것이고, 이 취지를 지향하여 계획하고 개선하는 방안을 논의하기 시작했습니다. 그러나 이제는 다양한 주제와 더 넓은 범위로 확대되고 글로벌화되어 탄소중립을 논의하고 있습니다. 이 얼마나 큰 발전입니까? 이러한 큰 발전을 이룩한 협회 임원진 및 회원에게 감사할 따름입니다.

우리 협회의 전반기 업적은 협회를 창립하고 관련 부처에 인가 등록을 하여 협회가 공식적으로 인정받고, 대내외적으로 일할 수 있는 발판을 마련한 것입니다. 그 이후부터는 그 발판에 올라서서 관련 단체들과의 네트워킹, 전문성의 질적 향상, 적극적인 사회참여를 통해 우리 협회의 중요성을 알리며 우리의 힘을 키우고 있습니다. 차세대 리더스 캠프, 젠더혁신과 고령사회에서의 여성 건설인의 역할, 여성이 살기 좋은 도시, 여성 친화도시와 공간, 더불어 사는 도시 등에 관한 연구와 논의는 우리 협회의 아이덴티티를 견고하게 해주었습니다.

가장 먼저, 가장 많이 생각하고 일하는 우리 회원 여러분들의 소망은 같을 겁니다. '여성의 행복이 곧 가정의 행복, 여성의 안전이 곧 사회의 안전, 여성의 경쟁력이 곧 국가의 경쟁력'이라는 공통인식을 가지고 우리 회원 모두 열심히 정진해야 하겠습니다. 지속적으로 발전 가능한 여성 기술인의 미래는 혼자만의 힘으로는 이룰 수 없으며, 협회를 중심으로 모든 회원이 한 가족같이 단결할 때만 가능합니다. 우리 여성 기술인의 미래를 함께 만들어 갈 우리 협회 회원들의 뜨거운 열정에 박수를 보내며 많은 참여를 부탁드립니다.

　역대 그리고 현재의 임원진과 회원 모두에게 건강과 행복이 깃들기를 기원하며, 앞으로 더 큰 협회를 기대합니다.
　감사합니다.

제2대 회장 김설주

김정선

연세대학교 건축공학과와 연세대학교 대학원 건축공학과 과정을 수료하고, 건축구조기술
사 자격을 취득하였다. ㈜센구조연구소, ㈜정림건축종합건축사사무소, ㈜크로스구조연구
소기술사사무소에서 근무하였으며, 현재는 ㈜네오크로스구조엔지니어링 대표이사를 맡고
있다. 한국철도공사 비상임이사로 활동하였고, 2009년 여성부장관 표창, 2018년 서울특별
시 건설상부문 최우수상을 수상하였다.

강한 자가 살아남는 것이 아니라,
살아남은 자가 강한 자이다

한국여성건설인협회는 2002년에 설립되어 올해 20주년을 맞이하였습니다. 2002년은 한일 월드컵이 개최되었고, 우리나라가 월드컵 4강을 이룬 뜻깊은 해이기도 합니다. 20주년은 인간의 성장 단계로 보면 청소년기를 지나 청년기에 들어선 것입니다. 이제 신체적인 성장은 대부분 완성되고, 정신적으로 더욱 성숙하고 뜻을 펴나가는 단계에 와 있습니다.

남성 위주의 건설분야에서 활동하고 있는 우리 여성건설인들은 협회 초기와 비교해 볼 때, 기업 내 문화와 근무조건이 차츰 변화하고 있다는 것을 느끼고 있습니다. 또한 여성건설인에 대한 사회의 평가와 태도가 달라진 것을 실감하고 있습니다. 하지만 육아와 자녀교육 문제는 여전히 큰 부담이고, 유리 천장도 쉽게 깨지기 힘든 환경입니다. 유능한 여성건설인들이 여러 가지 이유로 안타깝게 중도에 포기하는 일이 빈번하게 발생하고 있습니다.

이러한 환경을 개선하고 여성건설인의 활동을 증진시키기 위해서는 여성건설인협회의 역할도 중요하지만 정부나 기업 차원의 지원책도 절실합니다. 그러나 더 중요한 것은 여성건설인 스스로 실력과 역량을 키우는 일입니다. 자신의 분야에서 특출한 기량을 떨치는 것은 사회나 후배들에게 끼치는 영향이 매우 큽니다. 불모지와 다름없었던 분야에서 세계 최고가 된 골프의 박세리, 수영의 박태환, 피겨 스케이팅의 김연아가 얼마나 큰 영향을 끼쳤는지는 익히 알고 있습니다. 박세리 이후에 세리 키즈가 세계여자 골프계를 쥐락펴락하고 있고, 박태환 이후에는 수영의 기록들이 전반적으로 향상되었고, 황선우와 같은 걸출한 기량의 선수가 나타났습니다. 또한 김연아를 뒤잇는 피겨 주니어 유망주들이 속속 등장하고 있습니다. 2002년 월드컵 4강 이후에는 우리나라 축구 선수들도 자신감이 커졌고, 유럽 축구계에 진출하여 입지를 확고히 한 박지성 선수의 뒤를 이어, 손흥민, 김민재 선수가 세계적인 선수로 발돋움할 수 있었습니다.

우리 여성건설인들도 자신의 역량을 발휘하여 전문 분야에서 인정받을 경우, 본인의 명예뿐만 아니라 많은 후배들에게 큰 영향을 끼친다는 책임감을 가져야 합니다. 나의 성장이 나 하나에만 국한되는 것이 아니라 주위의 많은 사람들과 함께 성장한다는 것을 잊지 말아야 합니다.

사회 진출을 앞두고 있거나 근무 중인 여성건설인들은 경력 관리에도 특별히 신경을 써야 합니다. 직장에 대한 개념이 많이 달라졌지만, 한 직장에 오래 다니는 것이 매우 중요합니다. 대기업에서 임원이 된 사람들은 원클럽맨(one-club man)인 경우가 대부분입니다. 끝까지 한 기업에서 살아남기 위해서는 인내와 끈기뿐만 아니라 성실과 실력을 갖추고 있어야 합니다. 따라서 한 직장에서 오래 근무한 사람이 임원이 되는 것은 당연한 일입니다.

강한 자가 살아남는 것이 아니라, 살아남은 자가 강한 자인 것입니다. 어려운 환경 속에서도 끝까지 살아남아 전문적인 역량을 널리 펼치는 여성건설인이 되기를 바랍니다. 앞으로 여성건설인의 눈부신 활약이 사회의 발전에 큰 기여를 하리라 기대합니다. 더불어 한국여성건설인협회의 무궁한 발전도 함께 기대합니다.

제3대 회장 김정선

이난숙

숭실대학교 전기공학과 석사를 졸업하고 현대건설 전기엔지니어로 직장생활을 시작해서 두번째 회사인 ㈜한양티이씨에서 2021년 6월에 설계본부장(부사장)으로 정년을 맞았으며, 2022년 현재 피뢰접지 전문분야인 ㈜선광엘티아이 사장으로 재직하고 있다. 건설분야 여성설계엔지니어 1세대로 불리면서 2014년 이달의 엔지니어상(대한민국 엔지니어상)을 수상하고 2021년 4월 과학기술훈장 도약장을 수훈했고 한국여성건설인협회 회장과 한국 여성과학기술단체 총연합회(여과총) 부회장을 역임했으며, 대한전기학회 이사와 중앙건설 기술심의, 조달청 설계검토자문위원회 등 각 공공기관에서 활동했다.

깨어 있는
리더그룹이 되자

"안녕하세요?" "제7대 회장"을 지낸 이난숙입니다.

'시간'을 이야기하면 재미있고 보람되고 알뜰하게 써야 한다는 생각이 듭니다만 '세월'을 이야기하면 "아니, 벌써…"라는 놀라움과 아쉬움이 마음 깊숙이 흘러나오는 것 같습니다.

여기 계신 회원 여러분 대부분 그렇듯이 저 또한 평생을 직장이라는 테두리 안에서 살아왔고 살아가고 있습니다.

제가 처음 사회에 입문했을 당시를 지금 다시 생각해보면 여성에게 참으로 열악한 환경이었습니다. 대부분의 여성들이 일반사무직으로 진출해 있었고 조직의 일원이기보다는 그 일원들을 떠받쳐주는 역할로서의 책무가 전부였기에 남녀차별은 다반사였던 것으로 기억됩니다.

그나마 저는 비교적 운이 있었던 것 같습니다. 1980년 초 여성엔지니어 우대정책이 펼쳐짐으로써 대기업 건설사들이 처음 기술직 여성을 공개적으로 모집했고, 그래서 입사할 수 있는 행운을 얻었습니다. 팀으로 이루어지는 성과, 남성 위주의 조직문화와 생활방식이 지배적이었지만, 빼지 않고 마다하지 않고 적극적으로 참여하면서 점차적으로 더 잘할 수 있음을 인지시켰고, 조직의 일원으로 자리를 굳혔습니다.

그러나 결혼하면 직장을 그만둬야 한다는 불문율로 인해 회사를 사직해야만 했고 경력단절 여성으로 방황의 시기를 겪었습니다. 결혼생활의 갈등, 육아에 대한 부담, 내 자신의 불투명한 미래 등을 극복하기 위해 좌충우돌하면서 냉정한 사회를 온몸으로 부딪쳤습니다. 재취업에 성공했고 더 강인해졌습니다. 저는 그렇게 다져졌습니다.

사회가 빠르게 변화하는 시기입니다. 코로나, 세계경제의 불확실성 등 세계의 모든 현상이 우리나라에 직접적으로 큰 변화를 몰고 오는 듯합니다. 이러한 환경에서 사회생활을 시작하면 일단 프로의식을 갖고 접근해야 합니다. 새로운 기술능력을 배양하고 주도적인 업무 방식으로 임해야 합니다. 더불어 너무 자신을 혹사시키지 말고 주변을 돌아보면서 충실한 인적 네트워크를 쌓아가는 것도, 어려울 때 작지만 스스로에게 힘이 되어줄 거라 생각됩니다. 새로운 방법으로 설득하고 소통하면서 교류를 이어감이 바람직할 것으로 생각합니다.

이제는 여성, 남성의 편견이 많이 누그러졌습니다. 아니 여성시대가 도래하고 있습니다.

시야를 가깝게도, 멀게도 볼 수 있도록 유연하게 생각하는 힘을 키우고 자신의 강점을 더 많이 개발하는 강점지향의 방식이 우리 여성들이 남성들하고 함께하고 그래서 인간 전체를 아우르는 공감의 리더십이 발휘될 것입니다.

한국여성건설인협회 활동은 여러 단체와 여러 여성 리더들과 유대 관계를 열어주는 계기가 되었습니다. 아울러 건설 전 분야에 걸쳐 구성된 조직으로 선후배 간 협업을 통하여 통합의 기술을 개발할 수 있었습니다. 협업과 동업을 할 수 있다는 것을 보여주는 기회를 가져서 뜻깊게 생각합니다. 매년 열리는 리더스 캠프는 앞으로 세상을 짊어지고 나갈 어린 후배들에게 엔지니어의 진가를 알려주고 전문인으로 성잘할 수 있도록 이끌어주는 의미 있는 활동이라고 생각합니다. 지난 20여 년간 협회가 꾸준히 여성건설인의 건설분야 참여확대와 전문성 향상을 위한 실질적인 세미나를 개최하고, 대내적으로 상호간의 네트워크를 결속하는 힘을 키운 것처럼 그 자리에 굳건히 서 있기를 바랍니다.

"길이 없으면 길을 만들어 간다. 여기서부터 희망이다"라는 문구가 생각납니다. 어렵지만 도전해 볼 만한 일이고 승산도 있습니다. 왜냐하면 세상이 우리를 필요로 하기 때문입니다. 한국여성건설인협회 회원 여러분뿐만아니라, 후배 여러분 모두가 실질적으로 힘있고 깨어 있는 리더그룹이 되기를 소망합니다.

감사합니다.

제7대 회장 이난숙

명예
회장단

이현희

경남 진해 출생, 한양대학교 건축공학과 졸업, 동경대학 대학원 박사 졸업 후 우송대학교 건축공학과 조교수를 거쳐 현재 가천대학교 건축학부 교수로 재직 중이다. 제9대 한국여성건설인협회장을 역임하였다.

어쩌다 회장

안녕하세요. 저는 한국여성건설인협회 9대 회장을 지낸 가천대학교 이현희입니다.

한여건 창립 첫해부터 활동하였고, 이사, 부회장 등을 거쳐서 2019년, 2020년에는 회장으로 봉사하였습니다. 감사하게도 가을 세미나 직전에 회장 추천을 받았고, 동의의 박수소리와 함께 9대 회장이 되었습니다. 회장이 되면서 제가 자주 떠올렸던 장면이 있습니다. 영화 해운대의 한 장면인데, 해일이 밀려온 바다에서 몇 명이 해안가 컨테이너 위로 겨우 피신을 했으나 몇 명은 여전히 바닷물에서 애타게 구조를 기다리는 상황이었습니다. 그때 용감하게도 한 남자가 컨테이너에서 뛰어내려 아래에 있던 몇 사람을 위로 올렸습니다. 다시 기어 올라온 그 남자에게 칭찬의 눈길이 모아졌지요. 그때 그 남자가 씩씩거리며 말합니다.

"누가 밀었어?" "······!!" 아시겠지요? 어쩌다 회장, 바로 저입니다.

저는 천성적으로 매우 소심하고 게으른 사람이라 어떤 단체를 이끌 수 있는 재목이 아닙니다. 전형적인 극세사A+++형이거든요. 아주

가끔 O형인 줄 알았다고 말씀하시는 분들이 계세요. 하지만 저는 알고 있습니다. 예상하신 것보다 조금 덜하다는 감사한 말씀이지 O형만큼 아주 쿨하다는 것은 아니라는 것을. 타고난 성격대로만 살 수는 없으니 상담도 받고, 노력도 합니다. 그렇지만 어디 갑니까, A는 그래도 A이지요. 그런 제가 회장을 하게 되었으니… 걱정이 많이 되고 두려웠습니다. 그래도 뭐 어쩌겠습니까. '어차피 회장을 하게 되었으니 멋지게 잘하지는 못해도 망치지 말아야겠다.' '이왕 하기로 했으니 최대한 즐겁게 하자'고 마음먹었습니다. 아시잖아요. 우리쪽 여인들의 특징. 먼저 나서서 놀지는 못해도 놀아야 하면 또 화끈하게… (후후). 우선 주변에 도움을 청했지요. 회장질하게 되었으니 같이 좀 놀아달라고 어떤 분께는 읍소하고, 또 어떤 분께는 협박(?)했습니다. 다행히 정말 바쁜 여성들이 동조해주었고, 그렇게 새로운 재원들을 만났고, 제 9대 회장 군단이 형성되었습니다. 그리고 2년 남짓, 정말 즐겁게 놀았습니다. 이 자리를 빌려 저와 함께 애써주신 분들에게 다시 한번 감사의 말씀을 드립니다.

요즘도 저는 가끔 불명의 기분으로 BBC에서 스파이펭귄을 투입해 제작한 2013년 다큐멘터리를 즐겨봅니다. 무리 중에서 소리만으로 자기 짝을 정확히 찾아내는 것도 인상적이었지만, 체력이 떨어진 펭귄을 무리의 중심에 두고 상대적으로 튼튼한 펭귄들이 가장자리를 에워싸서 남극의 겨울을 견뎌내는 장면을 좋아합니다. 그렇게 해서 체력이 회복되면 조금씩 움직여서 체력이 약한 또 다른 펭귄이 중앙으로 이동합니다. 무리는 추위가 심해질수록 서로 조금씩 더 붙어서 서로의 체온을 유지합니다. 모두 같이 이겨내는 것입니다. 아름답지 않나요? 우리 한여건의 가족들도 펭귄들처럼 서로를 지켜주고, 그래서 스스로도 잘 견뎌낼 수 있으면 좋겠다고 생각합니다.

한여건에서 많은 것들을 보고 들었습니다. 감사합니다. 모르고 지나쳤을 많은 것들도 한여건 회원들을 통해 경험하고 배웠습니다. 그 소소한 즐거움과 수고로움을 통해 나 혼자만이 '추위'에 맞서야 하는 '펭수'가 아니라는 안도감을 느끼며, 다른 펭수와 함께 있어 위로를 받습니다.

사랑합니다.

제9대 회장 이현희

김도담

2013년 당시 고등학교 2학년으로 한국여성건설인협회에서 주최하는 제3회 리더스 캠프 참가했다. 홍익대학교 건축학과 졸업하고 EAN테크놀로지 연구원으로 근무했으며 현재는 토문건축에 재직중이다.

사람을 위한
건축사를 꿈꾸며

    실내건축을 하시는 어머니의 영향으로 어려서부터 건축과 관련된 일을 자주 접할 수 있는 기회가 많았습니다. 자연스레 건축에 관심이 많아져 고등학교시절 한국여성건설인협회에서 진행하는 리더스 캠프라는 것을 알게 되었고, 3회 캠프에 참가하였습니다.

    건설분야 현역에 계신 분들과 멘티멘토제 및 현장답사를 통하여 궁금증을 해결할 수 있었고, 특히 조경과 도시건축이 저에겐 매력적으로 다가오는 계기가 되었습니다. 건축학과를 비롯한 도시계획 조경학과 등 대학진학을 희망했지만 입시에서 교차지원이 되지 않아 홍익대학교 글로벌경영학과로 들어간 후 건축학과로 전과를 하는 방법을 계획하여 대학교에 입학하였습니다. 저의 계획대로 입학하자마자 건축학 수업과 경영학과 수업을 병행하여 수강했습니다. 그 후 건축학과로 졸업을 하며 다양한 기회를 얻을 수 있었습니다. 토탈디자인, 경관 색채, 인테리어까지 아우르며 현재 건축사사무소에서 단독주택, 생활형 숙박시설과 같은 프로젝트에 참여하면서 실무를 쌓아왔습니다. 더욱더 다양한 경험을 통해 배우고 앞으로도 더 많은 프로젝트에 참여하여 사람을 위한 건축사가 되는 것이 목표입니다.

**차세대
리더스**

이윤선

2017년에 한국여성건설인협회에서 주최하는 제7회 리더스 캠프에 참가했다. 순천향대학교 건축학과에 재학 중이다

언젠간
멘토로 참여하게 되길

    한창 진로를 고민하고 있던 고등학교 2학년 시기, 같은 학교 건축 동아리 선배를 통해 리더스 캠프를 알게 되었습니다. 중학교 때 건축 박람회를 갔다 온 이후부터 막연히 건축가가 되겠다고 다짐한 저로서는 꽤 흥미로운 캠프라는 생각이 들었고 인터넷 정보에서 벗어나 실제 건축가분들을 만나고 얘기해 볼 수 있는 기회라는 생각이 들어 참여하게 되었습니다.

    캠프에서는 이론적인 내용 외에도 견학을 가기도 하고, 가구 쇼룸을 구경하거나 여러 재료들을 사용한 나름의 조형물 만들기 체험도 하면서 건축에 대해 어렵지 않고 친근하게 접할 수 있게 해줬던 것 같습니다. 만약 이때 캠프가 재미없었다면 건축학과에 진학을 안 했을 수도 있지만 다행히도 리더스 캠프는 저의 진로에 확신이 생겼던 계기가 되었습니다.

    이후 대학에 진학하여 건축학과의 새내기가 되었고 내가 미대에 온 건지 건축학과에 온 건지 알 수 없던 1학년 1학기를 지나 처음으로 주택이라는 것을 설계해 보았습니다. 처음엔 밤을 새거나 캐드 같은 기본적인 툴을 다루는 것조차 너무 어려웠고, 최종 마감날에는 교수님께 지적도 많이 받았지만 고생한 만큼 제출했을 때의 그 해방감과 뿌듯함은 이루 말할 수 없었습니다. 이 뿌듯함은 4학년인 지금까지 꾸준히 달릴 수 있는 원동력이 되었고 주택 이후 종교시설, 미술관, 초등학교, 상업시설, 도시재생 등 다양한 분야의 설계프로젝트를 좋은 성적으로 마칠 수 있었습니다.

4년의 대학생활 동안 나는 학과공부 외에도 공모전이나 학술동아리, 인턴 참여 등 다양한 활동을 하였고 올해 여름엔 코로나가 진정되어 1학년 이후 두 번째로 리더스 캠프에 대학생 스태프로 참여하게 되었습니다. 스태프로 참여하면서 다른 학교 건축학과 학생들은 어떻게 배우고 어떤 식으로 설계를 하는지에 대해 처음 듣게 되었는데 생각보다 도움이 되고 자극이 되었습니다. 맨날 보는 학교 사람들끼리는 알 수 없는 부분이라 이전에는 왠지 다른 학교도 비슷하게 배우지 않을까라고 생각했던 것이 틀렸다는 것도 알게 되었고 한편으로는 우물 속 개구리가 된 듯한 느낌이 들어 우울해 졌지만 그만큼 더 열심히 해야겠다는 다짐을 하였습니다.

앞으로 남은 학과 생활 동안은 지금처럼 꾸준히 공모전이나 대외활동이나 답사를 통해 건축적인 경험을 쌓는 것이 목표이고 좋은 건축가가 되어 언젠간 대학생 스태프가 아닌 멘토로서 이 캠프에 참여하게 될 날이 왔으면 좋겠다는 생각이 들었습니다.

We
Build
a City 2

여성 멘토가 말하는 건설이야기

1쇄 인쇄 2022년 12월 5일
1쇄 발행 2022년 12월 20일

편 저 자 ㈜한국여성건설인협회
발 행 인 부성옥
발 행 처 도서출판 오름
등록번호 제2015-000047호 (1993, 5, 11)
주   소 서울특별시 중구 필동로 19 삼가빌딩 4층
전   화 (02) 585-9123 / 팩 스 (02) 584-7952
E-mail oruem9123@naver.com

ISBN 978-89-7778-523-6 03320
* 값은 뒤표지에 있습니다.